颠覆式融合

全网品牌革命

洪海江◎著

中国财富出版社

图书在版编目（CIP）数据

颠覆式融合：全网品牌革命 / 洪海江著．—北京：中国财富出版社，2017.1

（企业成长力书架）

ISBN 978－7－5047－6311－2

Ⅰ.①颠… Ⅱ.①洪… Ⅲ.①品牌战略—研究 Ⅳ.①F273.2

中国版本图书馆 CIP 数据核字（2016）第 277559 号

策划编辑 黄　华　**责任编辑** 丰　虹

责任印制 方朋远　**责任校对** 孙会香　孙丽丽　张营营　**责任发行** 邢有涛

出版发行 中国财富出版社

社　　址 北京市丰台区南四环西路 188 号 5 区 20 楼　　**邮政编码** 100070

电　　话 010－52227588 转 2048/2028（发行部）　010－52227588 转 307（总编室）

010－68589540（读者服务部）　010－52227588 转 305（质检部）

网　　址 http://www.cfpress.com.cn

经　　销 新华书店

印　　刷 北京京都六环印刷厂

书　　号 ISBN 978－7－5047－6311－2/F·2685

开　　本 710mm×1000mm　1/16　　**版　　次** 2017 年 1 月第 1 版

印　　张 12.5　　**印　　次** 2017 年 1 月第 1 次印刷

字　　数 173 千字　　**定　　价** 39.80 元

前　言

当消费者决定购买某类产品后，接下来要做的工作就是筛选品牌，选择最适合自己风格的品牌。甚至有时消费者会因为品牌的魅力而购买产品，比如“果粉”通宵达旦排队购买苹果的最新款手机，国人在国外疯狂抢购奢侈品……消费者的这些行为都说明一个优秀的品牌极具号召力，让广大消费者为之痴迷。

品牌如此大的魔力，也让众多企业开始投入重金进行品牌的塑造工作。按理来说，重金之下必能出强势品牌，但是事与愿违，很多企业在豪掷千金之后，品牌也只是昙花一现，非但没有在消费者心中形成短期记忆，更别提让消费者记住品牌的核心价值观。随着全网融合、消费者消费习惯的觉醒、颠覆线上品牌营销形式的出现，企业投入大量的资金进行品牌的塑造，很有可能遇到“豪掷千金听不到一声响”的窘境，白白浪费企业的人力、物力和财力。

消费者不能记住品牌一方面是因为消费者在这个信息爆炸时代，每天接触到大量的信息，对枯燥的信息早已麻木，形成抗体，所以当毫无创新的品牌信息到来时很难被真正地打动；另一方面，就是企业在这个全网时代搭建品牌存在着明显的漏洞和不足，很多时候，品牌经营者并不知道品牌价值观是什么以及如何传播品牌，所以传递给消费者的也是一种模糊的品牌形象，消费者自然记不住。

本书就是要告诉企业如何在全网时代打造一个强势品牌，共分为四章。

第一章主要讲品牌定位出现的各种问题，通过解读这些问题，让读者对品牌定位有个清醒的认知。在这一章首先向读者解释品牌为什么要进行定位；其次告诉读者品牌定位的各种误区以及定位应该坚持的各种原则；最后再教会读者如何在互联网时代下进行品牌定位。通过这三步，让品牌树立一个清晰的定位，让消费者在有相关需求时能够第一时间想到品牌。

第二章告诉读者如何进行品牌传播，纠正过去品牌在传播上的错误做法。在这一部分告诉读者如何讲述一个感性的和消费者产生共鸣的品牌故事，然后怎样用品牌故事撬开消费者的防御之心。同时也阐述了品牌如何给消费者提供个性化的产品和良好的用户体验，从而占领消费者的心智资源。另外，在这一章也会告诉读者如何打造品牌的核心价值，传播核心价值，怎样与消费者进行对话。通过阅读这一章，读者能够知道在品牌传播中如何做、怎样做。

第三章主要从品牌推广的角度，告诉读者如何选择一个公信力高的媒介进行推广宣传，从而让宣传内容更容易被消费者接受。在这一章，品牌推广被细化为三个部分，每一部分都会给读者提供一个清晰可行的推广方案，让品牌推广更加科学。

第四章主要讲如何进行品牌管理。通过对这一章的阅读，读者能够知道品牌如何以消费者为中心做到目标管理、监控管理、危机管理。学习这些知识，可以让读者真正了解并且掌握品牌管理的方法，增强危机转化能力，从而让品牌保持一个健康的状态，实现长存。

本书和其他品牌类书籍相比，观点更新，因为它是从当下移动互联、全网融合、消费者习惯变革的角度出发，而不是像过去的书籍从工业 2.0 的角度出发，它能够给读者提供更新潮的观点和想法。同时它还具有很强的实践性，全书并没有对一些理论性内容进行赘述，而是能简则简，尽可能给读者提供一些具体可行的全网品牌革命方法和策略，真正帮助读者进行日常品牌塑造活动。另外，本书中列举了很多的案例，能够帮助读者更好地理解书中的观点，更准确地把握知识要点。

“千里之行，始于足下。”现在就拿起本书进行阅读，来增加关于全网品牌革命的知识，帮助你在当今竞争激烈的市场上占据时代的制高点。

作 者

2016 年 9 月

目录 CONTENTS

引言　颠覆式融合：全网品牌革命 …… 1

第一节　颠覆一：全网融合颠覆了传统媒介格局 …… 3

第二节　颠覆二：线上品牌颠覆了传统品牌概念 …… 6

第三节　颠覆三：消费意识觉醒颠覆了传统购物习惯 …… 9

第一章　品牌定位：简单，好玩，接地气 …… 13

第一节　突破消费者“注意力保护” …… 15

第二节　品牌定位的含义 …… 26

第三节　四步搞定网络品牌定位 …… 41

第四节　互联网思维下，品牌定位的策略 …… 51

第二章　品牌传播：让消费者主动“分享” …… 73

第一节　品牌故事 …… 75

第二节　品牌产品 …… 85

第三节　品牌体验 …… 92

第四节 品牌价值观 …… 106
第五节 品牌对话 …… 114

第三章 品牌推广：信任是最核心的问题 …… 123

第一节 信任是网络品牌推广的根本 …… 125
第二节 第一阶段：建立品牌知名度 …… 134
第三节 第二阶段：让品牌深入人心 …… 144
第四节 第三阶段：维护品牌高度 …… 153

第四章 品牌管理：以用户为中心 …… 163

第一节 品牌目标管理 …… 165
第二节 品牌监控管理 …… 172
第三节 品牌危机管理 …… 180

引 言

颠覆式融合：全网品牌革命

随着移动互联、大数据、新媒介时代的到来和消费者购买意识的觉醒，传统品牌面临着越来越多的挑战。有些品牌固守自我，实行“闭关锁国”策略，最终被“野蛮人”破门而入；有些品牌盲目“断臂”，高歌猛进，最终陷入改革的怪圈。在弱肉强食的时代，品牌必须要进行革命，但是在革命之前，品牌要知道这个时代到底和过去有什么实质性的差异，只有知道这些，运用相关的改革策略，才能走得更远。

第一节 颠覆一：全网融合颠覆了传统媒介格局

十多年前，全网融合是学者们讨论的话题，处于学术层面；五六年前，诸多有预见能力的领军人物将品牌融合作为改革着力点；而今，全网融合已经成为一股不可阻挡的趋势和潮流，颠覆了传统媒介格局，影响着每一个人的生活。全网融合也在给品牌提供更大的机遇和挑战。

全网融合即媒介融合，指的是各种媒介呈现出功能一体化的趋势。它有广义和狭义之分。狭义的媒介融合是媒介打破过去分散的局面，各种因素“融合”在一起，产生裂变，形成一种新的媒介，比如现在颇为流行的自媒体、电子博客、微博等。广义的媒介融合范围更广，它包括一切与媒介有关的因素汇集形成的一个融合的状态。这里不仅包括各种媒体形态进行融合，也包括媒介的传播功能、传播组织权，所有要素进行融合。换句话说，就是将广播、电视、报纸、杂志等一些传统的媒体和互联网、手机终端等一些新型的媒介进行处理、融合，然后再给受众提供各种各样的信息。

媒介融合依托当今的互联网技术来完成，它是传统媒体和互联网的有机结合，能够让传播成本大幅度下降，另外也能克服一些传统媒体在处理图片、文字、声音上的缺点，真正给消费者带来生动、有价值的信息。媒介融合的好处也让受众、媒体竞相追捧，成为一股不可阻挡的趋势。

全网融合搅乱了传统媒介格局，打破了传统媒介的垄断地位，使传统媒介老大的位置遭到前所未有的挑战。

过去未进行全网融合时，信息一般由传统媒介进行发布，传统媒介面对其特有的受众。全网融合之后，信息的受众就变成网络时代的任何一个正常人，信息阅读量大大提升，传播价值得以提升。

另外，全网融合之后，消费者能够得到更多有价值的信息。比如2015年发生的天津港爆炸事故，传统媒介在报道时由于各种各样的原因只能流于表面，只报道一些事故的状况、死亡的人数等，而没有对事故进行进一步的挖掘。全网融合让消费者从微博、微信、网站上得到了更多关于事故的信息，而且这些信息的深度和广度也是远远高于传统媒介的。

全网融合让受众和信息的互动性更强，而传统媒介的报道则是一种被动接受的方式。播音员在电视、电台上播新闻，受众很难参与其中，体验不到参与信息讨论的快感。全网融合之后，消费者在网上也能接收大量的信息，而且这些信息的接收方式变成一种互动的状态。受众可以参与其中，发表自己的观点和看法。当受众体会到参与的快感后，过去在他们心中占据较高地位的传统媒介的地位也在发生动摇，他们接收信息的渠道会更倾向于网络媒体。

全网融合颠覆传统媒介格局这个信息对于品牌经营者来说有重大影响。品牌经营者需要反思：在传播范围广、影响力大的传统媒介上做广告，能否产生预想的效果？硬广告的宣传方式到底能不能打动广大消费者的心？

另外，品牌经营者也该深思，全网融合究竟给品牌经营带来了什么样的好处，该怎样迎接挑战。

好处：传播渠道变宽，不用在传统媒介一棵树上吊死。

全网融合最大的好处就是让品牌在宣传时可以选择多种渠道，比如在推广时可以在新浪微博的首页、一些人流量大的 App（手机软件）入口处、天猫的首页推荐位等这些宣传推广的渠道。在过去，品牌要想快速提高知名度，只能在传统媒介上进行宣传活动。而今全网融合，品牌有多种渠道进行宣传，不用在传统媒介一棵树上吊死。

挑战一：渠道宽，受众更加分散。

为什么秦池成为标王后，品牌被更多人知道？因为当时的受众比较集中，他们只通过电视、报纸来了解信息。当秦池成为标王后，各大报纸、电视媒体都会报道它的信息，再加上它在中央电视台黄金时段进行狂轰滥炸式的广告宣传，品牌的知名度当然得以提升。而现在全网融合之后，消费者了解品牌信息的渠道更广了，他们不只从电视、报纸上了解信息，还可以从手机终端、网络上了解信息。这时如果仅仅通过一个传播渠道进行宣传，很难让品牌在消费者心中留下较深的印记。

品牌在推广时，首先要清楚知道品牌的受众在哪儿，然后再用一些极具创新的传播方法进行针对性的传播，必然可以将品牌传播到更远的地方。

挑战二："坏消息"很有可能将苦心经营的品牌击倒。

全网融合让信息的传播渠道变得更广，换句话说，信息传播得更快、更远。在全网融合下，品牌进行推广时，可以快速将一些对品牌有益的信息传递出去，但是如果品牌出现一些负面的信息，出现品牌危机时，消息也会在最短时间内传播开来，届时品牌管理者也很难控制住坏消息的影响。这样一来，坏消息很有可能将苦心经营多年的品牌毁于一旦。

在传统媒介至上的年代，品牌管理者能够通过各种各样的力量控制负面消息的传播速度和范围，但是在全网融合的时代，品牌要想做到显然是痴人说梦。品牌管理者要提前做好规划，做好危机的预警工作，当危机来临时，就能做到有备无患。

全网融合颠覆了传统媒介的传播速度和传播范围。在全网融合的时代，品牌面临着众多的挑战，稍有不慎就会被淘汰出局。但挑战的背后，实则蕴藏着无限的机遇，品牌经营者要学会将挑战转化为机遇，让品牌得到一个更大的发展机会。

第二节　颠覆二：线上品牌颠覆了传统品牌概念

成立于2008年，由方建华创立的棉麻品牌茵曼，是一个典型的互联网品牌。品牌以其“亲近自然，享受慢生活”的品牌主张俘获了广大女性消费者的心。品牌自成立后销售额也是持续上升，从2008年销售额为0，到2014年，品牌的销售额突破了15亿元。

线上品牌茵曼的成功得益于它颠覆传统品牌的概念、运作方法，让品牌拥有更大的竞争优势，获得不同于传统品牌新的发展活力。如今，越来越多像茵曼的线上品牌在茁壮成长，超越了一些在线下深耕多年的品牌。总结一下，线上品牌主要从四个方面来颠覆传统品牌。

1. 坚持用消费者的思维考虑问题

线上品牌首先颠覆的就是传统品牌营销思维模式。传统品牌在进行营销、策划、宣传、给消费者提供服务时，往往站在自己的角度考虑问题，或者很少从消费者角度考虑问题。比如品牌管理者单纯用产品的成本进行定价，又或者只有消费者有需求才提供服务。传统品牌这种思维模式的确能够帮助品牌降低运营成本，取得较大的利润。但是在这个信息越来越对称，消费者购买意识觉醒的时代，这种“以自我为主”的思维模式弊端越来越凸显，比如消费者不能从传统品牌服务中体会到“上帝”的感觉、不能参与互动等。

很多线上品牌在成立初期就站在消费者的角度考虑问题。邀请消费者参与品牌产品的建设，实时调查消费者对产品的使用感受，及时调整产品，以求让产品更好地满足消费者的需求。另外，线上品牌在服务上完爆传统品牌。在线下，在品牌产品出现问题之后，消费者往往要等待很长时间，才能完成维权过程，甚至传统品牌对消费者的维权不屑一顾，置之不理，这样只能让消费者寒心，放弃品牌。而线上品牌往往在消费者使用产品几天之后，就询问消费者对产品的看法和使用感受。如果产品出现问题，品牌也会在第一时间给消费者进行产品的更换，这极大地满足了消费者的需求。有的线上品牌还实行七天无条件退换货，充分保障消费者权益。

线上品牌从消费者的角度出发，真正考虑到消费者的需求，满足消费者的需求，因此获得消费者的好感。

2. 死磕产品质量，打造极致产品

线上优秀的品牌必然有极致的产品。产品的质量经得起消费者和时间的检验。

凡客将死磕做到极致。2013 年，陈年幡然醒悟，找到凡客重新发展之路，着力打造精致产品。陈年开始死磕产品的质量，花大量人力、物力和财力去对消费者喜欢的 T 恤进行调研，然后又到棉花的生产基地去寻找最符合消费者需求的材质。最终陈年带着高质量的 T 恤回归。他的这种死磕质量的做法，也让凡客 59 元的 T 恤得到更多消费者的认可，品牌也重新回到人们的视线中。

类似死磕产品质量的线上品牌还有很多，比如小米手机、罗振宇的《罗辑思维》节目，这些成功的品牌都是将产品作为品牌发展的重心。当然这里不是说线下品牌对产品没有严格的要求，或者不将打造精致产品作为品牌发展重点，线下肯定也有以产品质量为生命的品牌，认真做好产品质量的企业。但是我们看到很多的品牌仍然用一些低质的产品来获取市场份额，不去创新，一味剽窃其他品牌的劳动成果。而且很多品牌过分重视营销，进行大量的广告宣传，却对关系品牌发展的产品质量并没有严苛把关，这使得一些不合格的产品流入市场，不仅给消费者的生活带来不便，而且也让品牌在消费者心目中的形象一落千丈，成为劣质、低价的代名词。

3. 直销模式让线上品牌拥有更大的发展机会

线上品牌不仅和传统线下品牌有思维、态度的不同，更重要的是它和传统品牌有销售渠道的不同。传统品牌的销售渠道通常是通过代理商、品牌加盟等让品牌产品通过实体店到达广大消费者手中。这种方式能够很快完成铺货，但是只能让产品价格居高不下。因为产品要经过省级代理商、市级代理商、县级代理商层层加价，即使最后的销售环节，也要缴纳较高的赋税。产品价格很有可能出厂时只需 5 元钱，最终到消费者手中就要 30 元钱。

而线上品牌在销售时，直接面对消费者，不存在中间商，少了加价的环节。线上这种直销模式能够让品牌产品在价格上有更大的优势。消费者出于资金的考虑也会首选线上的品牌。这也是很多互联网自创的品牌得以发展的重要原因。

4. 口碑营销让线上品牌传递到更远的地方

线上品牌依托于互联网而产生，它深谙互联网营销的技巧——口碑营销。通过一个优秀的品牌产品激起众多消费者讨论的热情，然后随着越来越多的消费者加入讨论中，形成口碑效应，让品牌的影响力逐渐扩大，最终将品牌传递到更远的地方。这是线上品牌颠覆传统品牌经常使用的方法。很多线上的品牌就是凭借在线上形成的口碑效应，成功挤入消费者的心中，让品牌获得一个发展的快车道，赢得一片蓝海。

传统线下品牌虽然知道口碑营销，但是很难做出有影响力的口碑事件，因为线下所面对的受众范围小，即使出现一个好的营销事件，也会由于消费者参与数量的局限性，最终不了了之。

线上品牌凭借站在用户角度思考、死磕产品质量、直销模式、口碑营销这 4 个方面颠覆在线下多年深耕的传统品牌，抢占了它们大量的市场份额。可是，这并不意味线下品牌就任由线上品牌吊打，无任何还手机会。相反，线下品牌借鉴线上品牌的一些长处，发挥自身优势，仍然能够获得新的发展活力，进入一片更为广阔的蓝海中。

第三节　颠覆三：消费意识觉醒颠覆了传统购物习惯

在几年前，消费者购买商品必定选择实体店，因为实体店有让消费者舒服的购物环境和值得信任的售后服务。当时在网上购买商品的消费者，多半是为了体验网上购物的快感。

然而到了今天，越来越多的消费者选择从网上购买产品，甚至有的已经养成依赖，一天不从网上购买产品就急得心痒痒。消费者习惯的改变，让电子商务的交易额也呈指数级增加，截至 2014 年，网上的交易额突破 16 万亿元，这在过去是想都不敢想的数字。

巨额电子商务账单的出现也说明消费者的消费意识在不断觉醒，看到从线上购买商品的好处，“迫使”他们颠覆了多年形成的购物习惯。

1. 便捷性

为什么消费者越来越喜欢网购，就是因为在网上购物便捷。消费者不需要专门抽出时间去购物，只需要坐在电脑前，上淘宝、天猫、京东这样的电子商务网站将自己所需的商品进行搜索，然后进行筛选即可。当消费者在网上选择好商品之后，用支付宝就可以完成支付行为，过两天甚至更短的时间，快递人员就会将商品送到消费者手中。

如果消费者在实体店进行购买，就需要专门花时间到商场购物，其次还要逛多家店找到自己喜欢的商品。这种方式显然会浪费大量的时间，没有网络购物方便。

2. 价廉物美

消费者渐渐习惯在网上购买产品的原因，还在于网上的产品和线下相比有明显的价格优势。网上销售是厂家直接面对消费者，少了很多中间加价的环节，因此它能够给消费者提供更便宜的商品。在线下，当层层中间商进行加价之后，商品的价格也会出现激涨。在同等质量的前提下，消费者自然会选择更便宜的一方。

随着网购人群的不断扩大，各式各样的电子商务网站出现了。很多网站贩卖的产品不仅价格便宜，而且比线下的产品更优质，更具竞争力。像垂直美妆的电商聚美优品，其产品很多是线下实体店所没有的；京东商城也是很多手机厂商产品首发的基地。价廉物美这个优势牢牢拴住了追求时尚、新潮的年轻消费者的心。

3. 提供一种全新的购物体验

网上购物不仅能够节省消费者的时间和金钱，同时也能够给消费者带来一种全新的购物体验。在线下，消费者购买商品会遭到店员的强势推销，最后消费者碍于面子或者图一时之快，匆匆完成购买行为，等回到家之后，发现买的东西完全就是浪费钱；而且有时消费者晚上去购物时也会遇到商铺关门的情况，这些都会让消费者的购买体验变得糟糕。

而今通过在网上进行购物，消费者可以在没有任何推销和店铺关门的压力的情况下进行购物，这是一种全新的购物体验，给消费者带来前所未有的满足感和新鲜感。另外，随着电商的日益成熟，电商人性化的设计将会更多，消费者能够从中得到更多优质的体验。

消费者消费习惯的觉醒颠覆了传统的购物方式这个事件，对于品牌来讲也有很多启示。现如今消费者已经养成在网上购买商品的习惯，品牌要做的不是通过在线下建设很多门店来将消费者从线上引到线下，而是应该顺应消费者的消费心智和习惯，在线上搭建属于品牌的大本营，吸引消费者到这个大本营中来购买品牌产品，以此提高品牌产品的销售量。

现在，很多线下的传统品牌比如李宁、安踏、耐克、特步等纷纷入驻天猫、京东，开设旗舰店，以求借助平台的流量优势获得更多的消费人群。

可能品牌在短时间内不能完成线上到线下的进程，这也并不意味着品牌没有发展机会。这时，品牌可以在线下提升品牌服务的高度或者进行各种各样的活动，给消费者提供更好的购物体验，让消费者对品牌产生更强的依赖感，实现品牌的长久发展。

消费者的觉醒让网购市场活跃起来，对于一些线下的品牌来讲，这既是机遇又是挑战。如何将挑战转化为机遇，这需要品牌进行不断试验，最终找到符合品牌发展的最佳轨道，让品牌之路走得更远。

第一章

品牌定位：简单，好玩，接地气

第一节 突破消费者“注意力保护”

随着互联网、媒介技术的更新迭代，企业要想让自己的品牌被消费者熟知、留下烙印，必须直面信息泛滥化、传播过度化、广告无效化、时间碎片化的难题。正视问题，方能找到解决方案，突破消费者“注意力保护”，将品牌的知名度打响，把品牌牢牢镶嵌进消费者心中。

信息泛滥化

据国外研究部门报道，一个正常人每天接收到的信息量相当于阅读174份报纸。接收信息的源头有电视、广播、报纸、杂志这些传统媒介，还有以互联网、移动终端为代表的新型媒介。报道指出，随着移动互联技术的发展，新媒介传播的信息将会呈指数式增长。换句话说，一个正常人将会被更多的信息包围。

在这个信息泛滥的时代，消费者从早晨醒来就开始了一天的“信息接收工作”，在这一天中他无时无刻不在接受着信息的“洗礼”。当消费者长时间被广告信息刺激，被动接收着四面八方的信息，必然会对信息麻木，同时为了应对这些信息也会筋疲力尽。

信息泛滥不仅让消费者“心伤”，而且对企业的品牌宣传也有诸多不利。

1. 消费者很难记住企业宣传信息

在传播渠道单一、媒介技术水平低、信息量少的年代，品牌的信息经由大众媒介传播，消费者会主动接收信息，信息也能更快地被消费者记住。而且消费者还会主动去讨论信息，这让整个社会形成讨论信息的氛围，极易形成口碑效应。另外，全体社会人员都参与讨论，无疑会加深受众的记忆，有利于形成长期记忆。

而今，信息泛滥的社会，消费者每天要面对着大量的各种各样的信息，根本没有精力停留在他所接收的信息上，这就导致他对信息的重视度直线降低，慢慢地就得了信息健忘症，很多信息在他的脑海里也就成了过眼云烟。

消费者的健忘对企业的品牌宣传无疑是致命打击。企业花费大量的人力、物力和财力进行品牌宣传，到头来消费者根本不买账，不去记品牌宣传的内容。特别是在碰上多个品牌同时宣传时，更容易造成信息的混乱，消费者只知道当时很热闹，但是真正记住的内容少之又少，到最后企业是“赔了夫人又折兵”。

2. 消费者对企业品牌宣传形成“免疫力”

媒介技术的发展、传播渠道的拓展固然能够让消费者接收到更多的信息，丰富消费者的精神世界，但是也会产生更多无用的信息。这些信息刚出来时能够引起消费者的关注，可是当同质化的信息持续不断地出来时，消费者就会对它形成“免疫力”，任凭它如何施展魅力，抛多大诱饵，消费者都充耳不闻、漠不关心。

当消费者对信息有了“免疫力”时，企业的品牌宣传难度也是不言而喻的。因为消费者对你所宣传的信息已经麻木，甚至当你还没开始说时，他已经在心里认定你就是一个推销者，就是来骗他们钱的，这时无论你说什么、做什么都显得苍白无力。企业要想让消费者丧失这个免疫力，个体的努力很难成功，必须借助所有企业共同来改善这个环境。这时，企业就要花费更多的资金，运营成本也会加大。

狄更斯在《双城记》曾经说过，“这是最好的时代，也是最坏的时代”。这句话同样也适合于当今这个信息泛滥的时代。企业如果在这个时代中想要成功实现突围，必须借助恰当的宣传攻略。通过策略让品牌在传播上拥有更大的发展机会，被更多的消费者熟知，反之用一些平淡无奇的方法和策略，只能让品牌在激烈的市场竞争中打“酱油”，当“炮灰”。

企业的宣传战略是否具有创新点，可以审视信息是否具有以下两个特征。

1. 信息的独特性

同质化的宣传信息只能在浩如烟海的信息中湮没，永无出头之日。企业要想让自己传播的信息占据消费者的心智，必须要保证自己所传播的信息具有差异性、独特性，和别的企业的传播内容有明显的不同。唯有如此，品牌才能抢夺消费者第一心智，从而让消费者记住品牌所传递的信息。

2. 信息具有较强的核心竞争力

传播差异化的信息对于企业来讲并不是一件难事，只要保证你传播的信息“无节操”“有胆”“有料”，就能实现独特性。但是这种信息只能够让消费者形成短时间记忆，并不能形成长期记忆。企业要想让品牌宣传挤入消费者内心深处，被消费者长时间记住，必须要保证你所传播的信息有内涵，具备较强的核心竞争力。也就是说，消费者能够从你传播的信息中看到品牌最美好的一面、能够给他提供核心利益的一面，这样他对你的品牌才会产生好感，在有相关需求的时候，第一时间选择品牌。

信息泛滥化的社会固然给企业的品牌宣传带来诸多不便、更多挑战，让企业抢占消费者心智的难度增加，但是只要企业“潜心修炼”，给消费者提供最具差异化、有内涵的信息，然后选择一些真正适合品牌发展的媒介进行强势宣传，也能让品牌占据消费者的心。

传播过度化

企业在做品牌传播时一定要明白，传播只是一个手段，不是目的，它只是帮助企业被更多的消费者所熟知。但是很多企业却将传播当成目的，认为只要进行传播就能实现品牌知名度的提高。企业把传播当成最重要的工作来做，投入大量的人力、物力和财力，到最后非但没有取得预想的效果，反而因传播过度化而损失惨重。

传播过度化即企业将传播活动和企业整体运营割裂开来，企业经营者认为通过在各大媒体上对产品、品牌进行集中宣传就能够解决企业的一切问题。比如当企业出现知名度不高、产品积压严重、销售量惨淡的问题时，企业经营者立刻在众多媒体上进行集中式宣传，妄图解决这些问题，殊不知传播过度化，只会让企业的发展走入一个死胡同。

传播过度化有两个表现：一个是重视品牌而不重视品质；另一个是追求价格利润最大化。

传播的确能够帮助企业一炮打响，使得企业品牌被更多的消费者知晓。但是企业应该明白的是，你的品牌无论多大，产品最终是要面对消费者的，如果你的产品无法满足消费者最基本的需求，产品的质量一直饱受诟病，你的品牌在消费者心中自然站不稳，最后只得沦为炮灰。

1996 年，秦池集团以 3.2 亿元夺得央视广告标王，一时间媒体的镁光灯都对准了它。秦池品牌的知名度瞬间被引爆，“秦池”一词也成了街头巷尾谈论的热词。但是好景不长，秦池的产品接二连三被曝出质量问题。1997 年年初，一则关于秦池收购川酒进行勾兑的消息不胫而走，让秦池的品牌形象在消费者的心中大打折扣，消费者纷纷放弃购买。最终秦池的销售额直线下降，无力支撑数额惊人的广告费用，很快从消费者的视野中消失。

企业通过大众传媒进行品牌宣传是一种很好的宣传方式，但是没有品质作为支持的产品，好比“无源之水、无本之木”，终究会被市场淘汰。因此企业在进行品牌宣传时，首先要保证自家产品质量过硬，经得起时间和消费者的检验。当自家的产品质量有底气时，再配合着强有力的广告宣传，品牌必然能够在激烈的市场竞争中脱颖而出，取得消费者长期的信任。

价格是消费者判断产品价值的重要标准，消费者总是认为高价就代表着高质量的产品，低价往往代表着质量不佳的产品。很多企业就是抓住消费者的这个心理，借助晕轮效应，通过在电视、报纸、户外媒体进行强势的广告宣传，为自家产品镀金。这种行为无可厚非，可是有的企业竟然通过“炒作”或者“过度包装”的手法欺骗消费者。比如说达芬奇家具，它先在国内生产，而后通过出口转内销变成意大利奢华家具卖给消费者，利用价格杠杆，获得较高利润。这种唯利润至上的传播方法，丧失行业道德，最终达芬奇家具遭到工商部门的严惩和消费者的抛弃。

企业通过在媒体大肆宣传自家产品提升品牌知名度的同时，带来的传播过度化也让品牌吃尽了苦头。

1. 消费者对品牌产生厌恶之心

很多企业的经营者认为，只要用广告将消费者进行360度无死角包围，就能让消费者在潜意识的驱动下购买品牌产品。但是事实上，消费者早已对企业的过度宣传麻木，甚至反感，更不会主动去购买品牌产品。

试想一下，消费者早晨打开广播听到的是企业的宣传广告，在地铁上看到的是企业宣传的TVC（商业电视广告），在电梯上看到的是产品的海报，等到回家时又在路边接到有人发给他的关于品牌的广告传单。在这种360度全方位的广告包围中，只能让消费者对企业品牌产生厌恶之心，何谈好感？届时无论品牌如何宣传，他只会视而不见、充耳不闻，那么企业就永远不会达到宣传的目的。

2. 打肿脸充胖子——活受罪

占取头条、抢夺黄金时间是很多经营者的广告战略，他们认为只要在最优质的广告版面上打广告就能迅速提升品牌知名度，提升品牌美誉度。品牌经营者打肿脸充胖子，不顾企业自身实际情况，盲目抢夺最佳广告版面，殊不知高额的广告费会将企业拖垮。

经常看《天天向上》的观众会发现和《天天向上》合作八年的广告商特步不再继续赞助该节目。究其原因就是2.5亿元的冠名费让特步吃不消。其实早在2012年，特步就需要花费较大的精力来化解将近1.3亿元的广告支出。当时特步高管也是打肿脸充胖子，固执地认为抢夺最佳广告时间就能让品牌拥有更高的价值。但是事与愿违，随着运动服饰竞争的激烈，特步这样的品牌面临着更大的发展难题，经营出现众多问题，最终不得不放弃最佳广告时间。

退出《天天向上》，看似特步少了一个绝佳的宣传平台，实际上却获得了更多的自由，它不用再为高额的广告费埋单，不用再想方设法去考虑如何化解掉这些广告费用。同时它还可以将省下来的广告费用进行一些针对性的社会化营销，让营销取得立竿见影的效果。

企业传播过度化不仅让消费者烦不胜烦，而且也会让企业面临着更大的发展难题。因此品牌在进行传播时，一定要制定好恰当的传播战略，进行适度、适量、有针对性的品牌传播，从而避免品牌进入传播过度化的怪圈，让品牌获得更大的发展机会。

广告无效化

曾几何时，消费者认为在央视、卫视做广告的品牌都是能够生产高质量产品的企业、能够提供高质量服务的企业，企业也必定拥有较强的品牌实力。但是消费者这种想法已经一去不返，因为太多在央视、卫视做广告的品牌给他们提供了质量差的产品。渐渐地，他们认为，广告无非是品牌“王婆卖瓜，自卖自夸”的行为，品牌做广告无非就是推销它们的产品，赚取自己的钱财。消费者对广告态度的骤变，也表明广告从原来的“灵丹妙药”变成了“烂铜废铁”，广告逐渐无效化。

1. 广告无效化的原因

原因一：消费者对广告理解能力的提高。

过去由于消费者接触信息的渠道窄、少，所以当一个产品的 TVC、平面广告、宣传单出来时，他很难判断广告宣传内容的真假，这也造成他对产品一知半解。企业在消费者一知半解的情况下，又通过明星代言，再加上狂轰滥炸式的广告宣传，很容易攻破消费者的防御之心，最终消费者在晕轮效应下就会购买企业的产品。

而今互联网技术的发展、通信技术的完善拓宽了消费者了解信息的渠道。当产品的 TVC、平面广告出来时，消费者有更多的渠道来了解产品的信息，如搜索引擎、论坛或者朋友圈等，这样一来，很多过于夸张的广告宣传显然会在消费者的火眼金睛下露出马脚，广告也就不能发挥其应有的宣传价值。

原因二：虚假广告搅脏整个广告市场。

“广告”一词就是广而告之的意思，广告主通过媒介公开广泛地向公众传达信息。过去在众多广告人的努力下，广告变成很多企业的“灵丹妙药”、消费者的“送子观音”。而今它的价值渐渐丧失，消费者对它也有更大的抵触情绪。出现这种现象最重要的原因就是虚假广告的出现，这类广告就好比一只老鼠，掉进广告市场的一锅汤，最终广告市场被它搅脏了。

虚假广告的宣传内容和实际服务严重不符，往往给消费者提供较多的承诺，但是当消费者真正使用时，发现功能远没有广告宣传的那样，这样只会让消费者心伤。而心伤后的消费者再将企业的虚假广告行为告知自己的亲朋好友，当所有的消费者都对企业的产品产生坏印象时，企业的命运就岌岌可危了。

更重要的是，虚假广告会搅脏整个广告市场，让消费者认为所有的广告都是在虚假、夸大的基础上宣传的，产品的效果远不如广告说的那样。一旦消费者形成任何广告都是虚假的思维定式，广告主不管通过何种宣传也是回天乏术。

广告无效化并不代表品牌就不能通过广告来向消费者推销自家产品，相反只要企业在产品质量有保证的前提下，运用恰当的宣传方法必然能够抢夺消费者的心智。

2. 广告宣传的改变

广告无效化最重要的原因就是广告主没有从消费者的立场出发，没有按照消费者喜欢的方式进行广告宣传。一旦广告主稍加改变，充分站在消费者的角度考虑问题，顺应消费者接受信息的习惯，即可获得更大的发展机会。

改变一：用有新意的广告手法取代过去说教式的广告形式。

现在消费者一打开电视机，就会被大量说教式的广告包围。比如亮甲的广告语，“得了灰指甲，一个传染俩，问我怎么办，马上用亮甲”，这就是一个典型的说教式广告。这一类型的广告在过去消费者自我意识尚未觉醒的时代，能够调动消费者的购买热情，但是在现在这个个人主义、独立主义盛行的社会，消费者对这种说教式的广告存有抵制情绪，所以很难对这类广告有太大的兴趣。

一些具有新意的广告会在很短时间内获得消费者的青睐，比如士力架的横扫饥饿的广告，广告内容如下：当众人都在拼尽全力划动皮艇以求获得成功时，有一人却软弱无力，不肯用力划动皮艇，反而变成唐僧在训导队友。这时队友给了他一个士力架，并说道："饿货，一饿就手软，来支士力架吧！"当饿货吃完之后，立刻鼓足干劲，快速划动皮艇。

广告主在进行广告宣传时，结合当今热门话题，或者用消费者喜欢的炫、酷、帅的广告表现手法来制作广告片，能够保证制作的广告片更容易得到消费者的喜爱。

改变二：站在消费者的立场。

广告无效化最重要的原因就是广告主未能站在消费者的立场进行广告宣传，未从消费者真正关心的问题出发，这就使得广告好似隔靴搔痒，作用甚微。企业要想让自己的广告取得立竿见影的效果，必须从消费者的角度出发，首先做好消费者信息的沉淀，然后运用科学方法来分析消费者的数据，从而发现消费者真正喜欢什么、需要什么。而后在广告中以消费者为中心，真正做出和消费者息息相关的广告，让消费者从中感受到品牌真正从他的角度出发，体会到当"上帝"的感觉，从而对品牌产生好感。

广告无效化是阻碍广告主将品牌或者产品售卖给消费者的最大因素，它让广告主大量的资金都打了水漂，品牌的宣传效果也大打折扣。但是只要广告主做出改变，革新过去旧有的、腐朽的广告战略思想，采用当今用户喜欢的方式进行广告宣传，也能为品牌获得一个新的发展机会。

时间碎片化

"时间碎片化"一词是描述当前中国传播语境最为生动、形象的一种说法。"时间碎片化"是指完整的时间被分割成若干小块，时间不再以一个整体出现，而是由多个小块时间组成。比如我们等公交车、飞机、火车的时间，工作间隙或者是排队打饭的时间，这些都属于碎片化的时间。

“时间碎片化”俨然成为一个发展趋势，未来我们将很难有完整时间专注地进行一项活动，我们不得不充分利用碎片化的时间进行工作、学习和娱乐。“碎片化时间”出现的原因有社会阶级的分化、价值体系的多元化、个人意识的觉醒以及人们生活方式的改变。每个原因都在让我们所处的时间更为碎片化。

在当今“时间碎片化”的时代，手机已然成为“时间碎片化”的载体。在地铁上、公交车上、机场候车室等一切碎片化时间出现的场所，很多人都在低着头玩手机，通过手机上的社交软件和朋友或者陌生人聊天，或者用游戏软件玩游戏。可以这样说，现在我们的碎片化时间都被手机霸占着。这对于品牌也是一个启示，如果要在碎片化的时间里推广品牌，就要在智能手机上下一番功夫。

在“时间碎片化”时代，广告主的品牌宣传难度倍增。因为过去消费者的时间比较完整，他能够集中时间和精力在电视上或者报纸上接受企业的品牌宣传，但是现在由于他的时间被分割，被手机占有，所以根本没有精力也没有时间接收你的品牌所要传达的信息。

广告主要想在“时间碎片化”的时代将品牌传递给消费者，可以通过以下三个方法。

1. 生动形象化，第一时间抓住消费者眼球

在“时间碎片化”时代，企业不仅要将品牌完整地呈现到消费者的眼前，而且要考虑好用何种方式展现在消费者面前，让消费者喜爱。实践证明，只有通过生动化的品牌宣传才能在第一时间抓住消费者的眼球。当品牌吸引到消费者眼球后，他才会主动去关注你的品牌，了解你的品牌信息，然后才有可能购买品牌的产品，进而养成长期的购买品牌习惯。

企业要想第一时间抓住消费者的眼球，找到生动化的形象，可以借助当今的大数据技术来研究消费者兴趣、挖掘消费者需求，知道他们到底喜欢什么，然后在品牌的标志、口号、宣传语的制作上围绕消费者需求进行，从而保证品牌宣传极具形象化，在最短时间内打动消费者。

2. 互动化体验，增加消费者与品牌的接触时间

互动化体验是“碎片化时间”最为有效的营销方式。它能够让消费者进入消费场景，独立完成交易行为，或者在交易中充当重要角色。还能够让消费者和品牌接触的时间增加，更容易产生强烈的感情，品牌观念也会牢牢树立在消费者心中。

在互动化体验的设计上，企业可以运用当今最受消费者喜欢的二维码宣传形式，让消费者扫描二维码来获取品牌更多的信息。如果仅仅让消费者关注企业公众号，很难让品牌与消费者产生深度互动，这时品牌要做好公众号维护和发布工作，让消费者能够真正和品牌进行沟通交流。另外品牌也可以大玩跨界，和一些游戏科技公司联合发布手机游戏，把品牌元素植入到游戏中去，这样消费者在玩游戏的时候就能潜移默化地记住品牌信息，品牌也能因为手机游戏这个载体，将品牌价值观传递到更远的地方。

3. 提供个性化沟通，长时间影响消费者的决策

品牌提供个性化的沟通不仅能够长期将消费者锁定，缩短他和品牌的距离，而且能够长期影响消费者的决策行为，让消费者的决策按照品牌制定的轨道进行。当消费者沿着这个轨道进行时，品牌可以推出更多的产品和服务，真正让他从中持续购买产品和服务，品牌也能收益颇丰。

品牌在进行个性化沟通时，可以结合当下流行的互联网语言与消费者进行对话，从而更好地实现与消费者的无障碍沟通。另外，企业通过运用这种互联网语言也能得到消费者的认同，同时让品牌给消费者留下年轻、青春、有活力的印象。年轻化的形象对企业的发展大有裨益。

品牌在实施这三个方法时一定要结合当今消费者对智能手机过分依赖这一特征，以智能手机为载体，减弱实施策略的阻力，更快地将品牌打入消费者心智中。

“时间碎片化”让消费者有了更多的零散时间，用这些零散的时间去干自己想做的事。品牌要做的就是找到消费者的零散时间，然后知道他在零散时间里喜欢干什么，针对性地推送他感兴趣并且和企业品牌相关联的内容，既给消费者提供他想得到的内容，同时又将品牌的主张传递出去，实现共赢。

第二节　品牌定位的含义

杰克·特劳特在其经典著作《定位》中对品牌定位给出这样的解释：“品牌定位就是让品牌在潜在消费者心智中实现区隔，抢占心智资源，成为某个类别或者某个种类的特有品牌。如此一来，当消费者产生相关需求，他就会第一时间选择你的品牌。”比如当消费者要购买可乐时第一时间会想到可口可乐；要购买手机时第一时间会想到苹果手机。

互联网时代，品牌的去组织化和人格化

著名财经作家吴晓波在 2014 年明道大会上发表了题为《把世界交给 80 后》的演讲。在演讲中他多次指出在当今互联网时代，一切品牌都会人格化和去组织化，反之，品牌没有进行去组织化和人格化终将被市场淘汰出局。褚橙销售火爆和《罗辑思维》节目人气居高不下，也证明了品牌去组织化和人格化的正确性。

品牌人格化是指将品牌拟人化或者拟物化，品牌不再是冰冷冷的标志，而是一个有血有肉的人物形象。消费者对产品和服务的各种看法和理解也可以转化成人性特征。消费者在使用品牌产品时，实际就是在和品牌进行对话、进行交流。品牌人格化能够缩短消费者与品牌的距离，让彼此感受到对方的温度，使得两者的关系更为亲密。

品牌去组织化是指品牌不再以让所有人满意为宗旨，而是有所保留、有所放弃，有针对性地满足目标消费者。由过去“大而全”向“小而美”的经营战略转变，努力打造出更多臻品，来满足消费者不断变化的需求。

在互联网时代，品牌要去组织化和人格化有以下两个原因。

1. 粉丝经济将成为未来企业发展的决定性力量

淘宝、小米、黄太吉煎饼甚至TFBOYS为什么能够获得成功，最重要的原因是他们拥有强大的粉丝基础。

比如小米的成功离不开800万“米粉”的支持。当小米的新产品推出时，“米粉”立刻遥相呼应，奔走相告，争相购买。很多例子都在印证着“米粉”的力量是惊人的。在2015年小米五周年庆时，仅一天，“米粉”们就贡献15.7亿元，这个销售额是很多厂商想都不敢想的数字。

“粉丝”是能够狂热支持企业的一群人，他们对品牌有极大的忠诚度，无论品牌做什么都支持品牌，即使品牌出现危机，他也会不抛弃不放弃，追随品牌到底。当一个品牌拥有广大粉丝时，就代表品牌拥有良好的发展前景，在未来是不可估量的。

如何获得粉丝？显然过去冰冷的品牌形象不能撬开消费者心智。这时唯有通过去组织化和人格化才能够让品牌更具人性美、形象更生动，让消费者感受到他在和一个有血有肉的人在交流，这样品牌和消费者之间的距离也会瞬间拉近，他会更主动地去接触品牌，成为品牌的粉丝。品牌拥有粉丝之后，接下来要做的工作任重道远，就是需要留住粉丝。为什么刘德华能够成为很多人的偶像？就是因为他一直以来用电影、音乐活跃在荧屏上，一直保持较高的曝光度，所以粉丝对他不离不弃。品牌管理者也要进行各种各样的活动，尽可能多地曝光品牌，留住品牌的粉丝。

2. 细分化的市场俨然形成

在当今产能过剩的时代，消费者在购买商品时有了更多的选择。比如说消费者在购买智能手机时可以选择小米、魅族、苹果、华为、努比亚等品牌。这些大量的手机品牌只能短暂干扰他的选择，到最后他仍然会选择和他气质相符的品牌。不止手机，消费者在购买衣服、生活用品时也会购买与之气质、生活理念相符的产品。产能过剩时代最重要的一个特征就是，消费者在选择上更多样，选择的束缚性更小。但是消费者的群体是庞大的，每一个消费者也都会有不同的需求，当所有的需求共同释放出来，整个市场就变成一个细分化的市场。

品牌要想在这个细分化的市场立足，靠过去那种“一颗子弹瞄准一林子鸟”的做法显然很难奏效。到时非但不能打到鸟，反而会因为对着一群鸟放一枪，把整个林子的鸟吓走，最后守着偌大的林子孤独终老。所以品牌只有去组织化，集中精力瞄准一只鸟，扣动扳机将其击落。去组织化看似是一种牺牲打落多只鸟的做法，实则能够实现一颗子弹的最优价值。

在互联网时代，品牌可以通过以下这两个方法分别实现人格化和去组织化。

1. 品牌实现人格化最好的方法就是统一口径、集中宣传

这个方法要求企业在进行品牌的宣传时，首先要保证品牌所有宣传活动必须保持高度统一，一切活动都要围绕之前定下的品牌人格化目标进行。品牌首先要制定极具人格魅力和情感影响力的人性化符号，符号能提升品牌与目标消费者的联系，让消费者产生对品牌的依赖感。然后在各大媒介上集中宣传，在宣传时一定要保证所有活动和之前制定的原则保持一致，这样才会让目标消费者对品牌主张印象更深，主动“对号入座”，在潜移默化中接受品牌的价值主张，成为品牌的一员，届时他就能与品牌荣辱与共、合为一体。

2. 品牌在去组织化时要坚持数据为王的理念

品牌去组织化的目的就是找到目标消费者，进行精准营销。如何实现？品牌需要跟踪、收集、分析消费者的数据，然后将这些数据进行分析，找出它们之间的联系，得到帮助品牌实现去组织化的条件。当品牌所有的活动以数据作为支撑时，品牌去组织化也将更科学、更准确。

在互联网时代，品牌通过去组织化和人格化能够让其获得更大的用户基础，在未来的市场竞争中拥有核心竞争力，获得更佳的发展机会。更重要的是通过去组织化和人性化，品牌也能革新企业战略思想，获得新一轮的发展机会。

品牌的定位、插位、占位、抢位理论

1. 品牌定位

品牌定位是以企业市场定位和产品定位为基础，对特定品牌在文化趋向或者是个性化的差异在商业上决策。简而言之，指特定品牌在一个适当的市场条件下，通过合适的媒介宣传，找到一个极具竞争力的点，这个能够帮助品牌抢占消费者的心智，让消费者和品牌形成长期稳定的联系，消费者也会长期购买品牌的产品。

（1）品牌定位是企业经营的首要任务。企业经营者在经营时首先要做好品牌定位，通过品牌定位让企业沿着一个正确的方向前进，不至于走弯路、走错路。另外品牌定位也是品牌建设、品牌经营成功的前提，在企业的发展中充当着不可或缺的角色。这两点说明品牌必须要进行定位，将品牌定位作为企业经营的重点，做好它才能实现企业高速发展。

（2）品牌定位是企业市场定位核心的体现。企业做好品牌定位之后，就要让企业的经营、销售活动、市场战略、广告宣传围绕着品牌定位进行，以此给消费者一个统一、完整的企业品牌形象，获得消费者的认同。当消费者认同品牌，在购买产品时，会在第一时间考虑到品牌，品牌产品也能销售到更远的地方。同时一个有精准品牌定位的品牌能够成为消费者与企业沟通的桥梁和纽带，让两者保持一种和谐稳定的关系，所以说品牌定位就是企业市场定位核心的体现。

2. 品牌插位

品牌插位是指“后进”企业为了打破原有市场竞争格局，让自身从“后进”的角色成为行业领导者的一种营销法则。它倡导使用颠覆性的营销手段，以此突破竞争困局，完成超越。

品牌插位一般由四个步骤组成。

（1）想尽一切办法发现市场缝隙。缝隙实际就代表着机会、利润，当品牌找到这个缝隙时，实际上就代表品牌有了获得利润的机会。品牌在进行插位时，首先要做最重要的工作，就是想方设法找到市场缝隙，只有这个市场缝隙找准了，品牌插位的正确性才能得到保证。

（2）不顾艰难险阻进入这个市场缝隙。有缝隙的地方很多，很多品牌也能发现，但是仍然有众多品牌因为考虑过多而不敢进入这个市场缝隙，最终市场缝隙的价值也被白白丢失。因此品牌在找到缝隙后，应该不顾艰难险阻进入这个缝隙，尽快获得第一桶金。

（3）打败竞争对手独占这个市场缝隙，成为缝隙的核心领导者。进入缝隙市场并不意味着品牌一定可以获得发展机会，品牌要做的是干掉竞争对手，自己成为行业的主宰者。品牌一旦形成强势地位，也就会有更大的议价权，获得更丰厚的利润回报。

（4）缝隙逐渐饱和，寻找新的市场缝隙。任何市场都有一个生命周期，当缝隙已经很难给品牌带来更大的好处时，品牌千万不可恋战，而应该尽快撤离，找到一个新的市场进行深耕，以求获得更大的发展机遇。

小米就是依照品牌插位的方法在市场站稳脚跟的。当初小米进入手机行业时，雷军就是看到了智能手机市场的缝隙。虽然当时三星、苹果在中国“抢占大量的领土”，但是雷军仍然“固执”地认为智能手机市场的开掘才冰山一角，另外国产品牌也应该成为本土的领导者。

然后小米公司在只有七个创始人，技术、资金有限的条件下仓促成立。如果当时雷军没有在智能手机的缝隙中勇敢挤入，也就不会有今天的小米。凭借着“为发烧而生”的品牌理念和出人意料的性价比，小米在手机市场牢牢地站稳脚跟，而今成为中国最大的智能手机制造商。

但是随着越来越多的手机厂商的进入，今天的智能手机市场俨然成为一片红海。市场缝隙越来越小，所有的品牌也都过着举步维艰的生活。雷军早已看到这种情况，将小米的业务从手机扩展到更多的领域，以求在智能手机市场的缝隙消亡时实现安全撤退。

很多成功的品牌依靠品牌插位的方法在市场上从无到有，而后迅速发展壮大，甚至坐上行业头把交椅。

3. 品牌占位

品牌占位实际就是指占领消费者某种需求的位置，当消费者一想到某种需求，第一时间会想到品牌。“占位”是指抢先的意思，在一个传播理念中，谁第一个提出，往往谁就能占领这个位置，获得消费者的第一心智。

任何汽车都有安全性的特点，但是为何一提到“汽车安全”，消费者会第一时间想到沃尔沃？一个原因是沃尔沃集团在汽车安全上面下了不少功夫，安全设施做得到位。但是很多汽车也有较为优秀的安全工艺，甚至有的技术远远高于沃尔沃，为什么未能占领消费者的心智？这就牵扯到沃尔沃成为安全汽车代名词的更重要的一个原因，沃尔沃是第一个提出安全概念的汽车企业，并且它的广告活动也是围绕着“安全”进行的。这使得“安全”二字深入消费者心中，当消费者想购买安全汽车时，第一时间就会想到沃尔沃。

4. 品牌抢位

品牌抢位一针见血地指出企业竞争白热化的态势。无论是领先还是后来加入的品牌，都可以通过品牌抢位获得发展机会。品牌抢位要求品牌要在战略上一直抢夺“制高点”，抢占最佳优势，取得最佳时间。

例如，肯德基、大润发、万达地产都是在抢夺最有利、人流量最大的位置。通过抢夺让品牌进入消费者的最佳领地，也更容易被消费者记住。还有蒙牛独家取得神舟飞船的冠名权、在消费者心中形成航天专用牛奶的定位，这些都是品牌抢位的表现。企业通过抢位可以将品牌推广到消费者心中，让品牌获得源源不断的好处。

企业无论使用品牌定位、插位、占位或者抢位理论，最终目的就是抢夺消费者的心智资源。品牌管理者在管理品牌时通过这四个理论可以让品牌快速进入消费者心中，使品牌在市场上站稳脚跟，从而获得高速发展机会。

品牌定位中的消费心理学

消费心理学是心理学的重要分支，它主要研究人们在消费时心理活动的变化及规律。企业掌握消费心理学对于品牌定位大有裨益，能够让品牌定位直击消费者内心最柔软的地方，让品牌在消费者心中留下“烙印”，形成长期记忆。

企业在进行品牌定位时，可以参照以下消费心理学中两个重要因素，让自家品牌定位定到消费者心坎上。

1. 消费需求

消费需求是消费者对商品或服务存在的需求和欲望，它是由个人动机、个性、感知、学习记忆内部因素及家庭、社会、文化阶层等外在形式共同作用而形成的心理状态。按照消费需求的不同可以将消费者分为追求时尚型、品牌价值追随型、物超所值型和成本节约型这四种类型。

追求时尚型的消费者往往是那些追求刺激、喜欢新潮事物的一群人，他们有较高的购买力，对商品的价格不敏感，能够接受较高的商品价格。

品牌价值追随型的消费者是指那些对品牌价值认同的消费者，当品牌出最新的产品时，他们会积极购买的。一旦这些消费者成为品牌的粉丝，他们就会持续支持品牌。

物超所值型的消费者不重视品牌的响度，而注重品牌的产品，他们追求性价比高的产品。魅族、小米、华为手机的消费者都是属于物超所值型。

成本节约型的消费者往往收入较低，对生活质量的要求不高，能省则省。

企业根据消费者需求进行针对性的品牌定位，能够让品牌更容易打入受众心里。如何进行定位？品牌首先要了解自己目标消费者的不同的类型，清楚之后，再进行定位。比如品牌目标消费者属于追求时尚型，企业就要让品牌充满较多的时尚概念、因素，还可以借助当红明星、“网红”进行推广宣传品牌。当品牌满足了这类追求时尚的消费者时，这类人群更容易接受品牌主张，同时再配合明星、“网红”TVC、平面广告等，品牌价值主张将会表现得更加淋漓尽致。

假如品牌的目标消费者属于成本节约型，品牌在宣传时就要突出质优价廉的品牌形象。让消费者始终认为品牌产品是最低价，这样价格优势也会牵引更多的消费者购买品牌产品。

大润发认准自己的消费者是那种属于成本节约型的普通上班族，对价格十分敏感，喜欢购买一些价廉物美的产品。所以大润发就打出“天天平价”还有“会员价更优惠”的口号。大润发给消费者营造了一个大润发每天都提供低价的产品的形象，能够为消费者省下不少生活花费，然后又配合长年累月的广告宣传，使平价的品牌形象深入消费者心中。

面对品牌价值性和物超所值型的消费者，企业在品牌定位时也可以学习这种做法。首先充分了解这些目标消费者的特征、爱好，他们对什么最敏感，找到他们的痛点后进行品牌定位，让品牌俘获目标消费者的心，扩大用户基础。

2. 购买动机

购买动机是直接促使消费者购买产品的一种内在动力，它是消费者购买需求的推动力。换句话说，消费者购买你的产品、认同你的品牌，最终是想从品牌中获得非功能性的内容。比如消费者购买口香糖，购买的动机不是去除口臭，而是能够在众人面前有足够的自信。当企业在进行品牌定位时瞄准消费者的购买动机，然后再进行品牌的定位，无疑会让品牌成功的机会扩大，让企业源源不断地享受到定位带来的好处。

消费者的购买动机主要有求实、求全、求新、求廉、求同、求美这六大类。企业在品牌定位时一定要摸清楚目标消费者的购买动机，有针对性的定位必然大有收获。如果目标消费者的购买动机是求新，他总喜欢追求最新的产品和服务。企业就可以在品牌宣传时将品牌塑造成一个敢于创新、多次创新的形象；如果目标消费者的购买动机是求全的心理，企业在定位品牌时，营造产品全、服务全、服务人员多的品牌形象，就能获得更多消费者的支持。

企业在进行品牌定位时找到目标消费者，挖掘出他的购买动机，然后围绕动机进行品牌定位，必然能够占领消费者心智。

无论用消费者的消费需求还是消费者的购买动机进行品牌定位，我们发现企业都要围绕着目标消费者，换句话说就是必须将目标消费者真正当成上帝，绝对从消费者的角度出发。当品牌真正从消费者的角度出发时，给目标消费者提供最好的服务和产品，那么品牌就会得到消费者的认同和喜爱，消费者也会心甘情愿地掏出真金白银来购买品牌产品。

品牌定位和消费心理学相互促进、相互影响。一方面品牌的定位要围绕着消费心理学制定；另一方面品牌定位也会反过来影响消费心理学，精准的定位会让消费者认同品牌，自觉成为品牌的粉丝。当消费心理学和品牌定位相互促进时，让品牌定位更准确，更能满足消费者需求，得到消费者的认可。

品牌定位的误区

2001 年，杰克·特劳特的定位理论以绝对性优势压倒菲利普·科特勒的科学管理和迈克尔·波特的竞争价值链理论，成为“有史以来对美国营销影响最大的观念”。从 2003 年以来，“品牌定位”之风开始席卷中国，凉茶领导者王老吉就是凭借“品牌定位”，销量一度超越可口可乐。越来越多的中国企业都将“品牌定位”提到工作日程上，但是真正因此取得成功的却凤毛麟角，究其原因，很多企业都陷入了品牌定位的误区。

1. 品牌定位等同于产品定位和市场定位

产品定位很好理解，就是企业生产、销售什么样的产品。一个企业可能生产、销售多种产品。比如说苹果公司，不仅生产手机、电脑、iPad，而且还生产手表、iPod，未来还有可能生产汽车。通常企业生产的产品有主有次，主要产品的收入往往占据企业收入的1/3左右。

市场定位也称“营销定位”，是指根据竞争者现有产品在市场所处的位置，针对消费者特征有针对性地推出消费者需要的产品。市场定位要了解消费者是谁，他有怎样的消费心理和消费能力，然后确定用何种方式让消费者掏腰包。另外，企业市场定位要针对一类消费者，不能将产品销售给市场上的所有人，所以必须要舍弃一部分消费者。纪梵希是一家奢侈品企业，市场定位就是将产品售卖给消费能力高的客户，只做有钱人的生意。

很多企业经营者认为产品定位和市场定位就是品牌定位，这种想法显然是错误的。品牌定位是在企业产品定位和市场定位的基础上，对企业在价值取向、文化内涵上的商业性决策。产品定位和市场定位可以和竞争对手相同，但是品牌定位就不能，必须要找到品牌的核心竞争力及品牌具有的差异性特征。当消费者一想到某种需求就能立马想到品牌。比如说，一提到非可乐，消费者立马就会想到七喜饮料品牌，七喜显然成为非可乐的代表。

品牌定位就是塑造品牌“灵魂”和“价值”，核心价值有可能是物质功能或者精神功能。消费者不是圣诞老人，不会无缘无故送企业钱财，只有企业提供这个核心价值，他才有可能去购买你的产品。为什么很多人非加多宝的凉茶不买，就是因为加多宝第一时间给消费者提供了“怕上火或预防上火的功能”；“果粉”排队购买苹果手机，就是因为苹果手机向消费者提供了敢于突破、创新的品牌内涵。

品牌定位的核心价值是产品定位和市场定位所不具备的。

2. 品牌定位“万能论”

品牌定位“万能论”就是企业过度夸大品牌定位的功能和效用，认为品牌定位能够包治企业一切的病症，唯品牌定位至上，不注重企业内部自身的建设，最后企业被内部问题拖垮。

2003 年，双种子（真功夫餐饮集团的前身）饮食公司请来了叶茂中策划公司为其排忧解难。策划集团为其制定“营养还是蒸的好”的品牌定位，而后真功夫又通过集中宣传，市场进一步被打开，销售额也是节节攀升。然而令外界想不到的是，公司在 2009 年，股权治理和管理的缺陷凸显，企业的发展陷入一片混乱之中，两位创始人争夺股权的闹剧，最终让企业陷入困局。

真功夫的案例说明，通过品牌定位能够让企业获得短暂的发展机会，但是品牌定位并不能解决企业内部管理、发展战略制定的问题。企业切不可将品牌定位视为万能，认为品牌定位能够解决企业的一切问题，而是要在“品牌定位”的引导下，剔除企业内部不健康的因素，制定长远、健全的战略，让企业长久不衰。

3. 品牌定位朝令夕改、盲目延伸

很多企业通过“品牌定位”获得成功之后，可惜没有坚持，而是盲目依照市场、政策、消费者需求重新进行品牌定位，最终被消费者抛弃。

2008 年，借助体操运动员李宁点燃奥运圣火之势，李宁集团进入高速发展时代，甚至一度超过耐克、阿迪达斯，坐上国内运动服饰头把交椅。但是随着 90 后、00 后消费时代的到来，李宁也面临品牌形象老旧的问题。集团在未进行科学、有效、系统的调研的情况下，盲目更改品牌定位，比如口号、标志、经营理念等要素，仅口号就换了两次。李宁品牌定位的改变，不仅未能获得90后、00后消费者的青睐，反而让80后的粉丝转为路人，企业发展陷入困境。

品牌定位的朝令夕改会让目标消费者眼花缭乱，不能让品牌在其心中长久占领较高的心智资源。除了品牌定位的朝令夕改的误区之外，盲目延伸也是一个很大的误区。

奥克斯是一家以家电起家的企业，主要生产空调、热水器、手机。在2003年，国内汽车市场一片繁荣，奥克斯经不起诱惑也开始涉足汽车领域。它与沈阳农机集团达成协议，出资4000万元获得旗下双马品牌95%的股权，计划投入4亿元人民币，分得汽车领域的一杯羹。然而事情并未按照奥克斯经营者设想的那样发展，2004年奥克斯生产的第一批汽车并未赢得消费者的认可，只销售了几千辆。消费者的质疑是销售不佳的最主要原因，消费者认为一家做家电的企业不具备能力生产汽车这种重品类的产品，最终奥克斯黯然离开汽车市场。

品牌定位盲目延伸会减弱企业现有定位。阿尔·里斯曾经说过，“品牌就似橡皮筋，你越伸展，它就越弱”。因此品牌在进行延伸时，一定要考虑到延伸是否与企业现有定位相符，它会不会降低当前企业的定位，如果有，就要审慎延之。

以上三点都是品牌定位的误区，一旦企业走进这些误区就有可能让成长多年、屹立市场多年的企业毁于一旦，因此企业在定位时要系统收集企业情况，仔细分析而后再审慎做好品牌定位，确保定位精准。

品牌定位的三大原则

准确的品牌定位能够让品牌从市场上的众多品牌中脱颖而出，找到一片立足之地，赢得源源不断的消费者的支持。如何找到一个准确的品牌定位？不妨坚持以下三大原则。

1. 差异化原则

差异化原则就是要求企业在给品牌定位时要坚持个性化，创意先行、标新立异，让自己的品牌定位和竞争对手有明显的不同，能够很好地区隔开来。这样当目标消费者看到品牌时，眼前一亮，对品牌产生好奇，就想要了解更多关于品牌的信息，品牌也就能吸引更多消费者的关注，继而占据他们的心智资源，给他们留下较深的印象。

万宝路香烟是全球著名的香烟品牌之一，提到它时，很多消费者都会想起一个硬汉牛仔骑着牛、抽着万宝路香烟的品牌形象，耳边也会响起那句“跃马纵横，尽情奔放，这是万宝路的世界”的广告语。

为什么当时万宝路会选择用硬汉牛仔的形象？因为当时美国市场都是滤嘴式香烟，很多喜欢抽烟的男性认为这样抽烟不过瘾，显得娘娘腔，不够爷们。一开始万宝路也是滤嘴式香烟，并打出“柔若五月”的口号，结果反响平平。

为了让企业获得新生，广告大师李奥·贝纳向企业董事莫里斯提出用差异化的品牌定位，将万宝路定位于牛仔的硬汉形象，差异化品牌定位一下子让万宝路撬开了更大的市场。

品牌在定位时坚持差异化原则能够为品牌获得更强的竞争优势。至于如何找到品牌的差异化特质，可以从产品功能、价格、使用年限、提供服务等方面入手，进行差异化定位，以此和竞争对手形成强烈反差。当品牌和竞争对手有明显的不同时，也更能够引起消费者兴趣，激起他们的购买欲望。

2. 坚持品牌核心定位，适势调整定位

企业在进行品牌定位时要明白，品牌定位不是一成不变的，而是要随着社会环境、消费者需求的不断变化而调整。当品牌面临着新的形势、新的挑战，必须要有所调整、有所改变，只有不断调整，才能让品牌不间断地获得竞争力，更好地面对竞争。

但是企业在调整品牌定位时，也要意识到不可“大尺度”调整，因为这样容易让品牌丧失掉最初支持自己的那一群人。因此品牌一定要坚持最初、最核心的灵魂因素，勿忘初心，在调整时也要围绕核心定位进行适当调整。

3. 追求效益最大化

任何企业制定品牌定位最终的目的就是获得效益的最大化，一个不能让企业获得最大利润的品牌定位，即使让品牌获得再多的消费者、取得再大的销售额也显得苍白无力。企业在进行品牌定位时一定要控制成本，坚持低成本效益化的原则。

有些企业就是因为在品牌定位时未能遵循效益最大化而惨遭市场淘汰。例如个别品牌将抹布定位于高档产品，企图用高价格抢夺消费者心智。这种品牌定位策略并不能获得消费者，消费者也不会为高档抹布的定位埋单，企业就面临销售无门的困境。

还有一些小型的企业想向消费者提供个性化服务，但是这项服务需要建立较多的呼叫中心站点，聘请高精尖的技术人才。这样非但不会让其获得较高的利润，企业反而要承担高额的运营成本，而较高的运营成本会让品牌定位进入一种死胡同的境况。

企业在品牌定位时一定要考虑到自身经营状况，尽全力让品牌定位降低运营成本，以此获得最高效益。

企业在品牌定位时坚持以上三大原则，能够让企业在市场中与众不同，脱颖而出，拥有较强的核心竞争力，从而打败竞争对手，取得利润制高点。

第三节　四步搞定网络品牌定位

网络品牌定位是指在互联网市场上找到一个特有的位置，从而和竞争对手区隔开来，占据网络用户的一片心智。搞定网络品牌定位并不难，只需按照四个步骤即可：第一步，细分市场，确定目标消费者；第二步，评估细分市场，判断这个市场到底对自己有没有好处；第三步，选择并确定目标市场；第四步，管理好网上品牌，让品牌在网上保持一个健康的状态。

第一步：细分市场，确定目标消费者

美国著名社会学家温德尔·史密斯在19世纪50年代提出了细分市场的概念，指出企业应该根据消费者需求的不同把整个市场划分为不同的消费群。

细分市场概念提出的原因就在于当今市场消费者需求明显不同，消费者有不同的消费主张，异质化社会凸显。企业要想满足所有消费者的需求已成妄想。如果企业通过细分市场，确定目标消费者，找到异质化社会的同质化需求，然后为这个同质化需求提供服务，就能获得一个新的发展机遇。

网络细分市场是指品牌在调查、研究的基础上，针对网上消费者的购买动机、购买欲望以及购买行为的不同，将网络市场分割为若干个市场。不同市场的消费需求、消费行为、消费动机是不同的，同一市场的消费需

求、动机、行为则会有相似性，根据这些相似性，品牌可以进行定位，打动同类消费者的心。

一般来讲，细分市场主要有四个要素。

1. 地理要素

互联网虽然已经打破地理条件的限制，但是不同地域的消费者在文化、生活习惯、经济上的差异化还将一直存在。在我国，不同地域的网络消费者有着明显的差异，东南沿海的网上消费者的数量和消费能力远远高于中西部消费者，另外两者购买商品的种类也会有明显的不同。这些特点是品牌在细分网络市场时应该考虑的因素。

为什么企业要依照地理要素进行细分市场？最主要的原因就是不同区域的消费者对于同一品牌的消费品可能有着明显不同的态度和观点。可能一个产品在东部受到消费者的追捧，但是在西部却无人问津。另外，农村和城市对于同一消费品也有明显的差异化。比方说前段时间很火的“头上长草”，在城市，居民认为很萌、很可爱，能够起到装饰自己的功能；但是在农村，人们可能认为这是一种怪现象，在心理上很难认同。品牌细分市场以地理要素进行划分，能够让品牌定位满足品牌受众。

2. 人口要素

人口作为细分市场的要素较多，比如说年龄、性别、爱好、婚姻状况、教育、经济、种族、国籍、需求、偏好、家庭生命周期等。在这些要素当中经济是细分市场最重要的因素。比如只有高收入的人群才有能力去购买高档奢侈品、珠宝、精美化妆品，收入水平低的人才会购买一些品牌知名度低、价格低的产品。

不同性别的消费者对于品牌也会有不同的态度。女性消费者对化妆品、时装狂热；男性消费者钟爱足球、汽车。年龄也是细分市场的标准，一般来说儿童对于玩具、食品、儿童读物需求旺盛；青年往往喜爱文娱产品、体育用品；老年人对于营养品与医疗保健有明显的需求。因此品牌可以根据消费者年龄、性别的不同，提供不同种类的产品。

职业和教育也可以作为细分市场的标准。教师、学生、农民工、工人对于产品的需求具有明显的不同。他们在生活观念、价值观念、文化程度上的不同也决定了他们对于同一种产品有明显的需求差异。

家庭生活周期越来越成为企业细分市场的因素。通常可以将家庭生活周期划分为四个阶段：单身阶段、新婚阶段、满巢阶段、空巢阶段。不同阶段家庭的需求是不同的。在单身阶段，消费者消费需求通常集中在衣服、饮食、旅游方面；新婚阶段消费需求集中在家庭装修、蜜月旅行上面；满巢阶段消费需求集中在子女教育、服饰、柴米油盐上面；空巢阶段消费需求更偏重于娱乐、旅游方面。企业根据目标消费者家庭生活周期的不同，来进行细分市场，能够让品牌定位更准确，更好地满足消费者需求。

3. 心理要素

心理要素包括社会阶级、生活方式、个性特点三个要素。

社会阶级是指某一社会具有相同质性的消费者，他们往往具有相似的消费观、消费主张、兴趣爱好。

生活方式就是一个人如何看待生活，怎样生活。不同的人往往有不同的生活方式，有的人追求时髦，有的人追求稳定、简单，还有的人喜爱冒险、刺激。不同生活方式下的消费者购买行为也有较大的差异。

个性是一个人比较稳定的心理倾向和性格特征。每个人的个性千差万别，并且每个人都想成为最独特的一个人，拒绝平庸、拒绝雷同是每一个消费者渴望追求的。因此企业可以在品牌中加入更多个性、新奇的特征，让消费者从品牌中感受到品牌的独特性所在。

4. 行为要素

根据消费者对产品的态度、使用情况及反应将他们划分为不同的消费群体，这叫作行为细分。现在很多企业都将消费者的行为细分作为网络品牌定位的起点。行为要素划分市场的因素有消费者的购买时机、追求何种利益、使用者情况、使用数量、品牌忠诚程度、购买态度等。

企业可以按照一种要素进行细分市场，也可按照多种要素组合进行市场划分，从而找到目标消费者，做出与产品特征相符、最容易进入目标消费者心智的品牌定位，快速将产品售卖出去。

第二步：评估细分市场

企业做好市场细分之后，接下来要做的就是评估细分市场，评估这个市场到底适不适合品牌进入，能否将企业带入一个新的发展平台，能否将企业从“红海”引到“蓝海”。通过评估找到品牌进入的机会。企业在评估细分市场时一定要考虑以下三个因素。

1. 细分市场的规模和增长速度

企业在确定目标市场时，一定要弄清楚细分市场的规模是否得当，规模大小与企业的发展规模是否相匹配。通常来讲，大企业选择销售量大、市场广阔的细分市场；小企业为了避免与大企业针锋相对，而是选择一些消费能力不强、资源少的市场。

细分市场的增长速度也是企业在评估市场时要考虑的因素。一个增长速度快、潜力巨大的细分市场自然会有更大的发展机会，企业进入这个市场很有可能走进一条康庄大道。但是企业在评估时也要明白，事物的发展具有两面性，过快的增长速度背后可能隐藏着巨大的风险，如果风险过大，会摧毁品牌多年积累的胜利果实。评估好细分市场的规模和增长速度，权衡机会与风险，能够让企业进入一个风险小、发展机会大的市场。

2. 细分市场的结构吸引力

市场的结构吸引力是衡量细分市场优劣的重要标准。一个具有结构吸引力的细分市场，能够让企业处于相对安全有利的位置，即使有众多竞争对手，也能应付自如。

衡量细分市场是否具有结构吸引力可以根据迈克尔·波特的五力模型进行考量。

（1）细分市场内竞争者的威胁。现在任何企业想独享市场，显然是在痴人说梦，任何市场都存在着若干个竞争对手。如果细分市场竞争对手林立，而且对手实力都比较雄厚，这意味着这个市场已成饱和或者衰退之势，生产也出现供大于求、固定生产成本较高的情况。此时，企业再进入这个细分市场就要和众多的竞争对手抗争，稍有不慎就会被淘汰出局。所以建议企业不要进入同行业竞争对手较多的行业。

（2）新参与者的威胁。一个具有潜力的细分市场必然会受到众多企业追捧，源源不断的企业挤入这个市场，大量新参与的竞争者也会抢夺市场的占有率，整个市场的潜力也会很快被开挖殆尽。企业在评估细分市场时，要充分考虑到新参与者的竞争实力。

（3）替代产品的威胁。如果细分市场存在替代产品或者说存在潜在替代产品，这时细分市场的吸引力就会大打折扣。替代产品会减弱细分市场产品的议价权，届时细分市场的利润和价格就会受到替代产品的威胁。随着替代产品技术的更新迭代，企业将会面临更大的风险，因此一个具有大量替代产品的细分市场显然不是企业应该争相进入的市场。

（4）购买者议价能力的威胁。购买者议价能力增强会让细分市场的吸引力减弱。购买者能力的增强意味着细分市场的利润会受到挤压，企业获利的渠道将会变窄。现在线下消费者和线上消费者的议价能力相比还是较弱，因为线下消费者要面对营业员的推销，所以他的心理压力更大，有时就会因为“面子”而放弃议价权利，而线上就不同，线上的虚拟化能够让消费者不必拘泥于销售员的推销，他的拒绝权利、能力空前变大。

（5）供应商议价能力增强的威胁。如果企业的供应商在细分市场有较大的话语权，企业在这个市场的存在感就会大幅度降低，很难在市场形成绝对优势。

3. 企业的目标和资源

即使一个细分市场有适当的规模和增长速度，较好的结构吸引力，企业也必须将其和自身的目标和资源联系考虑。如果它们和企业的目标相驳，即使再好也要果断放弃。因为它们很有可能和企业的资源不匹配，到时企业在实行时，没有足够的资源、能力应对竞争对手的竞争，使得企业非但没有快速成长，反而会面临更大的危险。

企业在评估细分市场时依照这三个要素能够为企业找到最适合的目标市场，实现价值的最大化。但是值得注意的是，企业找到目标市场后要立即行动，积极布局市场的开拓工作，在这个“快鱼吃慢鱼”的时代，先发制人才能让企业取得最大的竞争优势。

第三步：选择并确定目标市场

目标市场是企业营销活动应该要满足的市场，也是企业为了实现经济效益、预期目标而要进入的市场。换句话说，就是企业要投其所好，给目标消费群体提供产品和服务。当企业确定目标市场之后，所有的活动都要围绕目标市场进行。

企业在选择并确定目标市场时要兼顾营销目标和范围、营销的差异性和经济性、细分市场的战略决策。相应地，就要做好以下这几个方面的决策分析。

1. 市场占领决策方式分析

市场占领决策有三种：集中化；非专一化；全面占领。

集中化即企业运用全部资源集中攻取某个特殊消费群体或者某产品线一个细分区间段市场。

非专一化是指企业选择两个或两个以上与企业自身目标、资源相符的细分市场。这些细分市场之间不必有较高的协作性，但是每个市场都有可能给企业带来丰厚的利润回报。企业在选择目标市场时一定要记住，不能给企业带来利润的目标市场任由它多么诱人，都要果断放弃。

全面占领就是企业经营消费者所需的各类产品。通常有两个途径：一种是通过实行无差异化的营销战略，不在乎细分市场之间的差别，努力满足市场中所有消费者需求；另外一种就是制定和细分市场相适应的产品和营销战略，以此俘获消费者的好感。通常使用第二种方式的营销战略的企业都是具备雄厚的物质实力和人才基础的企业，他们有实力进行这种战略的实施。宝洁、联合利华都是采取第二种全面占领的方式，占领清洗领域的市场，获得较大的利润回报。

2. 目标细分市场营销战略分析

购买者特征的差异使得细分市场有不同的划分标准，实际上目标市场的选择完全可以按照细分市场标准来制定。

（1）无差异化营销。无差异化营销就是只推出一款产品然后用一种营销方案进行，小米公司在初期就是按照这种营销方式，花费大量的时间研制一部手机，然后用网上抢购的方式将手机卖出去。这种营销方法不仅得到大部分消费者的青睐，而且企业也能专注做产品的研发、制造，打造出精致产品。

（2）差别营销战略。差别营销战略就是企业准备用细分市场为标准，为每一个目标都设计不同的营销方案，以此满足不同细分市场消费者的需求。世界运动服饰巨头耐克就采用差异化营销方式，它在跑步、打篮球、击剑、网球这些体育项目上都有针对性的服饰，消费者可以根据运动的不同而选择不同产品。

差别营销战略能够为企业带来更多的消费者，带来更多的收入。差异化营销方式也有个致命的缺点，就是会分散企业的集中注意力，让企业面临不同细分市场的生产、销售、售后等业务，一旦产品问题堆积，企业也会损失严重。

（3）集中营销战略。资源有限的企业喜欢使用集中营销战略，它是小型企业迅速在市场立足的最为有效的方法。小企业通过集中营销能够迅速将产品品牌打出去，让一部分消费者有更深入的了解。但是集中营销的企业面临的是一小部分市场，当市场、消费者需求发生变化，竞争对手增多时，它陷入困境的可能性更大。

企业目标市场的选择与确定不仅要考虑到企业当前所面临的处境，更要想到企业在未来的发展态势。在目标市场的选择上考虑到未来发展态势，能够在未来的市场竞争中更具竞争力，在面临未来的困难和挑战时游刃有余。

企业选择、确定目标市场是个复杂的过程，除了要考虑上文提到的几条之外，还要考虑企业自身的资源、产品、产品的生命周期及产品所处的阶段等因素，进行充分考虑之后，企业才能找到适合自己发展的目标市场，在这个高速发展的航道上快速成长。

第四步：管理品牌的表现

市场经济的飞速发展让企业竞争模式骤变，单纯的产品竞争转变成品牌的肉搏。现如今，品牌凌驾于资金、人才之上成为企业最重要的核心资产，品牌资产在未来是决定企业能不能走远的关键。品牌资产的重要性也让品牌的管理成为企业经营者最重要的工作。企业经营者在进行网络定位时也要管理好品牌，这会让企业在网络定位时拥有更大的发展机会。

企业管理品牌有下面四种表现。

1. 打响主品牌战役

现在企业早已不再实行单一的品牌战略，而是在主品牌之下拥有多个子品牌。比方说，中兴通讯旗下就有中兴、努比亚、布拉格品牌；宝洁公司旗下就有海飞丝、飘柔、沙宣等若干品牌；格力拥有格力、晶弘、大松三大品牌。但是企业在管理多品牌时也要有所侧重，对主品牌要投入较多的资金和心血，以此确保主品牌在市场拥有较大的竞争优势。当主品牌强大之后就要带动相关子品牌的发展，通过这种以“干”带“枝”的发展模式，让企业品牌影响力更大，更有号召力。如果一味地提升子品牌，没有对主品牌进行有效的管理，到时企业的几个品牌实力均等，没有能让消费者记忆深刻的品牌，就会令品牌陷入一个危险的境地。

2. 品牌沟通管理，提升内涵

做好品牌沟通是管理品牌最重要的工作之一。品牌沟通能够缩短消费者与品牌之间的距离，提升消费者和品牌的亲密度，让品牌在消费者心中占领制高点，对消费者产生长久的影响。

企业要想做好品牌沟通首先要让品牌的名字、故事、企业的标志和竞争对手区隔开来。品牌标志的鲜明就需要品牌进行 VI（品牌识别系统）建设。至于品牌故事的包装，就需要品牌管理者从品牌内部出发，找到品牌最具代表性、有包装深度的故事，然后通过媒介再将故事传递到更远的地方。

国内男装品牌七匹狼就是借助狼文化和企业品牌联系起来，营造一种穿七匹狼的男性拥有狼的个性的品牌形象。品牌在当时又聘请当时因演唱《北方的狼》而红极一时的歌手齐秦作为代言人，这么一来让品牌内涵更丰富，消费者对此记忆颇深。

企业做好品牌沟通管理，拉近消费者的关系，同时也能够提升企业品牌内涵，让品牌厚重感十足。一个具有厚重感的品牌能够在消费者心中存活更长的时间。

3. 品牌资本运营，减少费用投入

品牌发展的初级阶段是创立品牌，但是随着发展，品牌就会进入资本运营阶段。经营品牌是品牌发展的高级阶段。经营品牌最重要的内容就是进行资本化运作，品牌的资本化能够让品牌的影响力提升，能够赋予品牌更多的文化内涵，让品牌获得源源不断的收入。

资本化运营要求企业不能吝啬品牌建设资金的投入，要向品牌运营的团队提供充足的资金，减小团队在运营品牌时的阻力，从而将品牌快速推向市场。

4. 挖掘品牌价值，提升管理效率

管理品牌最重要的一环就是挖掘品牌的价值，找到品牌最核心的因素，传递给更多的消费者。另外将品牌价值挖掘出来，对于品牌的内外管理大有裨益。对内能够让员工对品牌价值观有更清楚的认知，用价值观指导自己的日常工作；对外能够让品牌和竞争对手品牌有明显不同，脱颖而出。

品牌价值的挖掘可以从企业自身的文化入手，分析自身文化的深层次内容和内容背后的故事。当然挖掘也可以从企业外部着手，并购一些外部企业，用它们的精神来填补自身企业文化的空缺，提升文化内涵，提高管理效率。

以上四点是品牌管理最主要的表现，它们能够帮助企业在互联网时代实现好品牌的管理，让品牌内涵被充分挖掘出来，理顺子品牌和支柱品牌的关系，从而最大限度地让品牌帮助企业实现利润持续增长。

第四节　互联网思维下，品牌定位的策略

品牌定位诞生于第二次工业革命之后，它帮助众多企业实现销售量的激增、利润的持续增长。但是随着第三次科技革命的推进，互联网思维的出现，品牌定位的策略也会有明显的不同。比方说塑造“品牌概念”，将人格注入品牌中，利用关联、利益进行定位，尽量简化信息，用“一词”就占领消费者心智。

品牌是占领消费者心智之战

前段时间，有人对手机消费者做了一个调查，调查人员询问消费者：购买手机时你第一个想到的品牌是哪个品牌？结果显示，大部分消费者想到的第一个品牌就是苹果。为什么苹果手机能够得到众多消费者的青睐？其中最重要的原因就是苹果在消费者心中烙下它是世界上最好的手机的印记，消费者认为它是手机行业的领导者、革新者。换句话说，苹果品牌已经成功抢占了消费者关于手机定义的心智资源，“苹果”已经不是一个品牌，而是等同于“手机”。

占领消费者心智已经成为品牌争夺的方式。品牌占领消费者的心智能够让消费者有相关购物需求时，第一时间想到品牌。当然想到之后不一定会购买，因为购买还会与消费者自身经济条件、购买方式、难度有关。但是品牌一旦占据消费者第一心智，消费者购买产品的可能性将会大大提高。

品牌定位不是强调对产品、企业的定位，而是对消费者大脑的定位，针对消费者心智资源的定位。企业在消费者心中占领一片高地，这比品牌拥有多少人才、多精湛的技术更具优势。占领心智资源能够让品牌获得巨大的核心竞争力。即使企业遇到人才流失、厂房毁坏、投资人撤资的情况，品牌仍然能够快速从废墟中站起来，获得更大的发展机会。

国内外很多实力雄厚的企业在抢占消费者心智上十分成功。比方说，可口可乐代表可乐，消费者买可乐时第一时间选择可口可乐，联想就是代表电脑，喜之郎代表果冻，格力代表空调，沃尔沃汽车代表安全等。这些优秀的品牌成功占领了消费者的心智，品牌已经成为一个品类的代名词，发展机会是巨大的。

王老吉就是一个凭借占领消费者心智从而由广东一个不知名的凉茶企业一跃成为全国凉茶的领导者的企业。2003 年特劳特战略定位咨询公司的中国区合伙人邓德隆在考察了王老吉的工厂、分析了产品后，给王老吉制定了“怕上火，喝王老吉”的品牌定位。“怕上火”品牌定位一出，便成功抢占了消费者的心智资源。每当消费者想到怕上火时，就会想到王老吉品牌。之后再配合着各种各样的广告宣传，王老吉的知名度迅速打开，销量骤升。

宝洁的子品牌之所以成功的原因也是因为它们都成功抢占了消费者的心智资源。比如海飞丝主打“去屑”功能，我们发现多年以来无论海飞丝的广告如何变化，市场战略如何变化，它的“去屑”的品牌定位始终没有变过，这也说明品牌的定位不能朝定夕改，更要长期坚持。

宝洁旗下的第二大洗发水品牌飘柔主打“柔顺”功能，用“柔顺”占领消费者心智。在广告宣传中指出，使用飘柔洗发水会让消费者的头发飘逸、柔顺，所以当消费者想要让自己的头发更柔顺时，会第一时间想到飘柔。潘婷则主打“营养护发”的主张。宝洁旗下的很多子品牌都是依照这种抢夺消费者心智的方法来拥有较大的市场份额的。

海尔总裁张瑞敏也经常说：什么是核心竞争力？不是人才、技术和资金，而是拥有长期的消费者。如何长期拥有？就要让品牌抢占消费者的心智，让他一想到购买家电时，立马能够想到你。当有了消费者的支持，购买你的产品，品牌也根本不可能出现销售市场萎缩、资金链断裂的情况。

今后品牌争夺市场的行动就体现在抢占消费者心智上，衡量一个品牌是否具有竞争力，就要看它能不能占领消费者的心智，能否长期霸占消费者心智。在未来，只有那些抢占消费者心智、长期霸占消费者心智的品牌，才能得到更多资本的青睐，获得更大的发展机会。

消费者能够记住的品牌不会超过七个

根据哈佛大学心理学家乔治·米勒博士的研究发现，消费者的心智不能同时拥有七个以上的单位，换句话说，消费者只能为每个品类留下七个品牌空间，甚至更少。随着研究的深入，市场营销专家发现消费者记住品牌的数量更少，最终连七个都容不下，只能给两个品牌留下心智资源，也就是品牌“二元论”。

韦尔奇在任职通用电气时，就意识到消费者心智容量下降的情况。他上任后做的第一件事是砍掉集团规模小、盈利少的弱势品牌，只留下集团强势品牌，并集中集团主要资源对强势品牌进行建设。韦尔奇通过这些做法，让通用很多优势品牌在消费者心中占领制高点，成为消费者心中第一品牌，韦尔奇也因此获得“世界第一总裁”的美称。

韦尔奇砍掉弱势品牌为集团强势品牌铺路，让强势品牌获得更高的注意力。强势品牌在“马太效应”下影响越来越大，当消费者在选择同类产品时第一时间就想到通用电气，通用电气的营业额自然是持续上升。

消费者心智容量的下降预示着品牌进入消费者心智的难度加大，很可能品牌动用了大量的人力、物力和财力做了很多营销活动，仍然面临消费者心智已满的局面、品牌无法攻入消费者心智的困境。要解决这个问题，企业必须要让品牌极具个性和差异性，从而在众多的品牌中脱颖而出。

七喜品牌依靠品牌定位的差异化在美国饮料市场脱颖而出。当时美国饮料市场被可口可乐和百事可乐瓜分完毕，七喜要是再用饮料的定位抢夺市场，不仅会遭到两巨头的联合绞杀，同时它的这种做法也很难抢占消费者心智资源。七喜品牌要想突围，必须使用一种和这两巨头有所差异的品牌定位，才能抢占消费者市场。所以当时它采用“非可乐”的品牌定位策略，从而和可口可乐、百事可乐区隔开，成功抢夺消费者“非可乐”心智的定位，一跃成为美国市场上第三大饮料品牌。

但是并不是所有企业像七喜一样采取差异化定位抢占消费者为数不多的心智资源，而是企图用增加品类或者开设更多子品牌来获得消费者的青睐。运用这种方法的企业90%都沦为了市场炮灰。

中兴通讯是中国市场通信的领军企业，在智能手机风潮出现时，品牌开始进军智能手机行业，一开始依据自身科技实力再加上运营商的扶持，发展势头一片喜人，成为当时仅次于华为的第二大国产品牌。后来由于智能手机市场需求的分化，竞争对手的增多，品牌经营者经营思想发生变化，开始走上品牌扩张之路。推出中兴红牛、中兴清漾、中兴星星、中兴威武、努比亚、布拉格品牌，多品牌非但没有抢夺更多的消费者，反而让本来消费者就不大的心智容量更为堵塞，不仅干扰了消费者的品牌联想，而且弱化了原有品牌形象，从此丧失了国产手机品牌第二的宝座，而今企业智能手机出货量远远被小米、华为、OPPO甩在后面。

在这个消费者心智容量下降的时代，企业如果想通过多品牌策略抢夺市场无疑会损害原有品牌形象，这也会违背品牌扩大的初衷，因此企业在品牌扩张时，一定要谨慎再谨慎。

但是更让品牌欣喜的是，消费者心智容量的下降也意味着品牌一旦成为消费者第一品牌，就会有更大的发展机会。至于如何做到消费者心智的第一品牌，品牌就需要认真研究目标市场的状况、消费者的需求，知道消费者到底需要什么，然后再制定差异化的品牌定位，集中火力进行强势宣传，从而牢牢占据消费者的心智。

一个品牌只能代表一个品类

杰克·特劳特在《定位》一书中提到，一个品牌最大价值的体现就是它能够代表一个品类。这样当消费者有相关需求时，也会第一时间就想到它，然后通过各种途径去购买它。更重要的是当消费者的购买习惯养成之后，企业就会有源源不断的利润进入。

品牌代表品类的例子很多，比如在国外哈雷代表摩托车，可口可乐代表可乐，吉利代表剃须刀等。在中国，格力也是品牌代表品类的最佳例子。

一提到空调，消费者往往会第一时间想到格力品牌，并且格力那句“格力代表核心科技”的广告语也会在消费者耳畔响起。其实格力发展的前身并不是空调业务，而是珠海特区的房地产事业。当时格力就形成工业、房地产、商贸“一体两翼”的工业结构。随着空调科技实力的增长，企业逐渐将空调作为核心发展业务，用“核心科技”定位空调产品，渐渐在消费者心中形成格力就是空调行业的专家的印象，当消费者有购买空调需求时，第一时间就会想到格力品牌。

格力品牌成为空调品类的代表让它拥有更大的议价权，据统计，格力空调和竞争对手海尔、美的相比，其利润率最高，有15%~30%。成为品类代表让格力成为行业的领导者，它的一举一动都成为行业的风向标，如变频、1Hz静音技术都在引领其他企业竞相模仿。企业竞相模仿无疑会让格力引起更多消费者的关注，在这种情况下，企业自然会有更大的发展机会。

也有一些品牌原先只做一个品类，做得也是风生水起，可是后来经营者耐不住寂寞，盲目进行品类扩张。非但没有将企业引入一个正确的发展航道上，反而走入死胡同。

凡客诚品创立于2007年，创始人陈年当时给凡客的定位是男装品牌，主要售卖衬衫。企业发展之初也是顺风顺水，很快做到垂直电商老大的位置。

随着2010年“凡客体”的流行，凡客的销售量也是节节攀升，在2011年凡客的销售额接近40亿元。随后凡客老总陈年想通过品类扩张的方法让企业进入一个更大的发展平台，至此凡客开始在网站上售卖拖把、拖鞋、帽子等很多和当初凡客男装定位相悖的商品。这些做法非但没有得到消费者青睐，反而巨大的库存、大量的消费者投诉最终让凡客巨人倒下。企业规模迅速缩水，人员从最多的10000多人变成现在的300人左右。

当年处在风口浪尖上的凡客渐渐在人们的视线中消失。凡客的失败和它多品类经营有着密切的关系，一个品牌多品类经营通常会给企业带来两点伤害。

1. 品牌产品的质量难以保证

品牌专注一个品类，企业能够投入更多的人力、物力和财力进行研发、设计和销售，拿出更多的时间进行产品质量的把控，从而打造出更高质量的产品。而今品牌进行多种品类经营，有限的时间和精力必然会进行多个拆分，对质量的监管所花费的时间也会大打折扣，届时品牌产品质量的监管就会出现问题。而且产品一旦出现问题，消费者对于品牌的好感度自然丧失，最后消费者从粉丝转为路人，对品牌的伤害也是十分巨大的。

2. 品牌代表多品类会弱化品牌原有形象

一个品牌涉足多个品类会弱化原有强势品牌的形象。海尔原先涉足的是家电行业，经营多年也积攒了雄厚的品牌实力，如果海尔在家电领域进行深耕也能取得较好的成绩，但是在智能手机的浪潮来临时，集团也开始涉及智能手机的制造。令海尔领导人大跌眼镜的是，品牌非但在智能手机市场吃了消费者的闭门羹，而且手机品牌的形象还弱化了海尔多年的家电形象。这使得很多原先对海尔有好感的消费者纷纷投向美的、格力的怀抱，企业的销售额、股价也出现一定程度的下降。

强势品牌代表的品类，企业在这个品类上进行精耕细作，能够生产出消费者满意的商品，让品牌抢夺消费者第一心智，当消费者有相关购买需求时，也会第一时间选择品牌。而品牌代表多个品类会分散原有的企业精力，企业也不能对产品的质量做好把关，并且会弱化原有强化的品牌形象，让固有强势品牌跌出消费者心智，最后“泯然众牌”矣。

找到品牌的“关键词”

品牌在消费者不同采购流程阶段中发挥着不同作用。在生活阶段，它能够引发消费者的购物需求；在计划阶段，激发消费者对备选品牌的兴趣；再到购买阶段，消费者选择适合自己的品牌；最后体验阶段，消费者完成购物体验或者退货。

在这四个阶段中，第三个阶段品牌发挥的效用最大，它决定着消费者是否采购企业的某种产品。企业如何让品牌在消费者的购买过程中“干扰”消费者，“引诱”消费者购买自家产品呢？首先要在第二阶段上，让品牌成为消费者购买时的备选品牌；其次就是找到品牌的“关键词”，让品牌在第三个阶段脱颖而出，成为消费者选择的不二品牌。

品牌“关键词”就是消费者在进行品牌选择时能够将品牌与竞争对手区隔开来的词语，也就是我们通常讲的品牌“核心卖点”。

比如我们在购买豪华汽车时，能够想到宝马、奔驰、陆虎、沃尔沃等品牌。如果我们想买安全性能高的汽车，这时沃尔沃就成了我们的最佳选择。因为在沃尔沃的品牌定位和长期宣传中，一直将“安全”作为品牌宣传关键词，这个关键词让沃尔沃和其他品牌区隔开来。

现今，品牌之战不是搭建企业信息识别系统，更不是营销活动创意之争，而是“关键词”之争。企业找到与其他品牌不同的“关键词”，让关键词去主导消费者的选择，抢夺消费者的心智，也能实现销售量的突破。

企业找品牌“关键词”有三个方法。

1. 围绕产品层面提炼品牌“关键词”

品牌可以从产品核心概念出发，找出产品自身或者延伸出来的差异。

从产品中提炼出品牌关键词有两个途径：一个是从产品自身的优势出发。比如海飞丝的“去屑”，飘柔的“柔顺”，九芝堂的“治肾亏，不含糖”，这些都是从产品自身优势层面提炼出品牌的“关键词”。这些“关键词”是和消费者利益紧密相关的，它能够让消费者听到这个主张时，感受到品牌带给它的好处。另外一个就是从产品的机理上来提炼品牌的“关键词”。比方说乐百氏的“27 层净化”、农夫山泉的“大自然的搬运工”等。

2. 根据顾客“买点”提炼出品牌“关键词”

顾客“买点”就是顾客所关心、所需要的内容，他想从购买品牌的产品中获得什么好处。品牌从顾客买点提炼出品牌的“关键词”，会给消费者留下品牌是一个为自己着想、全心全意为自己服务的形象，打破消费者与企业之间的隔阂感。

很多家电企业都是以满足顾客买点为品牌“关键词”。比方说 IBM 就是办公服务的领导者，海尔“三全”服务的全员、全时、全面的品牌形象。

3. 通过挖掘消费者心理需求，找到品牌“关键词”

现在消费者购买商品不仅是为了满足对于产品功能的需求，还有从功能之外的体验上有所追求，这也就是我们所说的消费者购物心理需求。

> 比如消费者购买锤子手机，不仅是买一部智能手机这么简单，而是要为老罗的工匠精神、将产品打造完美、偏执狂的态度埋单。而此时的锤子科技品牌就满足了消费者情怀的心理需求。

类似挖掘消费者心理需求的品牌还有很多，比如，以母子情感为卖点的雕牌洗衣粉；清华紫光在刚开始进入市场时是以贩卖梦想的品牌形象获得消费者的青睐的；现在小米的“新国货”运动也是在用情感作为品牌的关键词，以此获得消费者的认可。

企业通过挖掘出产品的特质、消费者的买点和情感需求，能够迅速找到品牌的关键词，做到品牌定位的差异化，让品牌在消费者心中占领一个独特的地位，使得消费者在购买产品的阶段，品牌能够发挥最大价值，“迫使”消费者购买企业的产品。

塑造“品牌概念”

品牌概念是指能够吸引消费者，并且建立品牌的忠诚度，让消费者源源不断地向企业输入心血和财力。品牌概念由核心概念和延伸概念两个部分组成，企业做好这两个概念的工作能够保持品牌的统一性和完整性。品牌的核心概念就是品牌必须要坚持的、不能丢失的部分。比如说安踏的“永不止步”的品牌概念，象征一种敢于拼搏的精神。延伸概念指以品牌核心观念为基调延伸出的品牌概念。

品牌概念是品牌的灵魂，它好似灯塔指引着消费者消费方向和方式的改变。一个具有品牌概念的企业能够让消费者按照企业规定的航道行走。最典型的例子就是苹果手机，苹果集团每年开一次新品发布会，每一场发布会都会有众多“果粉”到现场去参加。刚出来的苹果手机总能引发“果粉”争相抢购，说苹果在操纵着“果粉”的思想和钱包一点也不为过。

想必任何企业都想像苹果集团一样，通过“品牌概念”拥有较大的粉丝群体，获得粉丝持续不断的支持，成为一个极具竞争力的品牌。如何塑造像苹果一样的品牌概念？企业可以通过以下四个步骤进行。

1. 产品质量是企业得以立足的根本

产品是品牌的基石，品牌概念是产品之本。把产品比作躯体的话，品牌概念就是灵魂，一个没有灵魂的躯体无疑是行尸走肉，反之，没有躯体作为依托的灵魂必然是孤魂野鬼。企业要想塑造“品牌概念”，必须要保证企业产品的质量经得起时间和消费者的检验，没有过硬的产品质量作为前提的品牌概念注定走不远、走不好。

因此企业在塑造“品牌概念”时一定要仔细检查自家产品的质量是否过关，如果不过关，企业要做的第一件事是将产品的质量提上来。当产品的质量保持一个较高的水准时，品牌再进行推广也能保持充足的底气和精力。

2. 确定品牌概念

当企业产品做到极致时，有了塑造“品牌概念”的基础之后，接下来要做的就是确定品牌的概念。如何确定？就要做好我们上文中提到的收集竞争对手资料，确定细分市场，找到目标市场，挖掘出品牌的“关键词”的工作。只有把这些工作做好，才能找到最适合企业的品牌概念。

在确定品牌概念的过程中，企业一定要保持高度的独立意识，不仅要明白企业需要什么，更重要的是明白企业不需要什么，坚决避免跟风行为，这样才能保证企业制定的品牌概念具有明显差异化和个性化的特征。

国内的牙膏品牌“田七”确立“中药护理”为品牌概念，避免了和高露洁和佳洁士的直接竞争，以“中药”为卖点的田七获得一片蓝海，有了更大的发展机会。

3. 传播品牌概念

一旦品牌的概念确定之后，企业要做的最关键的一步就是传播品牌概念。在传播时首先要考虑到时间、地点、途径或者是否请明星进行代言等问题。另外也要考虑如何确定产品的包装等。

企业在传播品牌概念时一定要意识到品牌概念和产品内涵、服务以及公司的形象是否一致的问题。很多企业在传播时投入大量的资金，聘请巨星进行代言，但是后来才发现，品牌概念和产品的研发设计与传播的形象严重不符。这种自我矛盾的宣传方式，极易让消费者质疑企业的品牌概念，让品牌价值大打折扣。

4. 品牌概念和创新

畅销书《谁动了我的奶酪》一书中明确提出一个观点，世界唯一不变的就是改变。社会总是在向前发展，客户的需求也是在不断的变化中，如果企业一味固守、不顺应时势、不对品牌概念进行创新，品牌概念可能老旧而被消费者抛弃。

2000 年在泉州成立的鸿星尔克是一个运动品牌，在品牌成立初期企业以网球文化为品牌着力点，并启用“To Be No. 1”（成为第一）为口号，着重将品牌打造成一种以运动精神为主的品牌形象。

公司自成立以来的十多年时间内，产品销量节节攀升，利润也是持续走高。但是最近几年在运动服饰品牌销量不佳的大背景下，它的 SKU 也一直居高不下，品牌也面临着很大的经营困境。企业为应对这个困局，更换品牌理念，将原先以网球、运动为卖点，过渡到以休闲为着力点，并启用“你好，阳光”的广告语。品牌顺应时代发展，进行品牌概念的改革，也让企业从困局中跳跃出来，获得二次发展机会。

企业在把控好产品质量的前提下，做好品牌概念的定位、传播和创新，能够让企业拥有极佳的“品牌概念”，能够更好地打进消费者心智中。另外，依据市场形势的变化，进行品牌概念的革新，也能让品牌获得消费者长期的好感。

将人格注入品牌，做一个“有意思”的品牌

网络脱口秀节目《罗辑思维》创始人罗振宇在一次线下培训会上讲：“在互联网时代，特别是移动互联网时代，品牌已不是一整套识别系统或

者极具个性的口号，而是基于人格魅力带来的信任和爱。”换句话说，企业在塑造品牌时，要将人格注入品牌中，让品牌拟人化，把品牌变得“有意思”，能够更好地打动消费者的心。

“品牌人格化”的雏形早在20世纪50年代就已出现，当时美国GREY广告公司提出“品牌性格哲学”。后来日本小林太三郎提出“企业性格论”，是对品牌内涵的进一步挖掘，他认为企业做的活动不是追求利益、道出自己的形象，而是要说出品牌的个性，从而使品格具有人格化，给消费者留下深刻的影响。

为什么要将品牌人格化，做一个“有意思”的品牌？

举个例子，很多人将周杰伦作为自己的偶像，为什么？就是因为他们能够从周杰伦身上找到他们不能够实现的梦想，比如说在全球各地开演唱会，开豪车，穿各种新潮的衣服等。他们追随周杰伦是想成为周杰伦式的人物。卖产品也是如此，将品牌赋予人格，当消费者购买品牌时，能够从中找到满足自己精神需求的部分，从品牌中找到自己的影子，这样品牌就以一种更生动化的形象存在，更容易在消费者心中留下烙印。简而言之，品牌人格化能够让品牌更容易撬开消费者的心扉。

全球产品质量日趋完美，消费者购买产品时，对产品的精神需求更强烈。

今天，好产品的标准有两个：标配是功能体验；强需是精神需求。当产品的质量日渐臻美时，仅仅满足消费者的功能体验显然不能让品牌在市场上立足，品牌必须满足消费者对功能之外的精神需求。

乔布斯重回苹果时，评价当时的苹果产品“糟糕透了”。不是因为产品技术存在很多落后的地方，而是产品根本不能满足消费者的精神需求，所以他之后在苹果做的一切工作都是让苹果品牌具有个性化，满足消费者的精神需求。而今品牌注入人格是市场形势所迫，因为消费者的消费意识已经觉醒，市场同质化的产品越来越多，企业不给品牌注入人格化的特征，很有可能会被市场淘汰出局。

用一种标准模式或者同一类方法将人格塑造在品牌中显然很困难，因为每个品牌都有自己独特的背景和资源，“一招鲜很难吃遍天”。但是在品牌塑造过程中，也产生了一些共性的特征，借鉴这些方法，也能让品牌的人格形象更丰满。

1. 考虑消费者未来期望

品牌具有人格化，它和消费者就是一种长期关系，要随着时代的发展有所改变，从而满足消费者对未来的期望。现在的企业品牌可以结合消费者喜欢的卖萌、有趣、可爱的人格形象和消费者进行沟通，获得消费者的好感。但是品牌也应该时刻考虑消费者的未来期望，适时进行人格形象的变革，更贴合消费者的想法，获得他的好感。

2. 从品牌核心价值出发定位品牌个性

品牌的人格塑造当然要刚性原则，不容颠仆。这个原则就是坚持品牌核心价值，从核心价值出发的品牌个性更能展现品牌的内涵，同时品牌原则也能让品牌人性化特征更为饱满。比如，万宝路的核心主张是硬朗、阳刚，在品牌人格化的塑造时，它借助牛仔的形象更好地衬托出核心价值主张，再加上“男人的世界”的广告口号，将原来的品牌核心价值主张表现得淋漓尽致。

3. 品牌个性要简单清晰

虽然消费者的个性是难以捉摸、飘忽不定的，但是如果品牌个性复杂，让消费者捉摸不透，就很难让人记住品牌，更别提让人记住品牌的人格了。因此品牌在人格塑造时要尽量简化信息，让个性简单清晰，具有较强的针对性。品牌个性越简单越能使得品牌像锋利的刀子一样，直击消费者内心最柔软的部分，让他长时间记住品牌信息。

通过依据消费者未来期望、品牌的核心价值、坚持定位简单的策略能够保证塑造一个极具鲜明人格化特征的品牌形象。人格化的品牌形象一旦形成，能够使得品牌和消费者保持一种和谐稳定的关系，消费者会持续不断购买品牌产品，品牌发展也会更顺风顺水。

第一法则，没有人会记住第二

中国第一个进入太空的宇航员是谁？你可能不假思索地就回答是杨利伟，但是我要问第二个登上太空的中国宇航员是谁，这时你可能要花费一定的时间，思考一番。相信大多数人都知道第一个环球航行的航海家叫麦哲伦，但是很少有人记起第二个环球航行的航海家的名字叫德雷克。

在营销学中，也是如此。通常第一个进入消费者大脑中的品牌更容易让消费者形成长久记忆，而后进入消费者脑海中的品牌被消费者记住的可能性远远小于第一个。另外，消费者心中也有一道标尺，即谁是第一，谁就是最好，谁就能最大限度地满足我的需求。可以这样说，“第一”能够干扰消费者的购买决断、购买行为。这也是很多淘宝、天猫商家通过刷单抢占最靠前的位置的原因。成为第一，能够让品牌获得更大的发展机会。

品牌要想做大、做强，最好的办法不是深耕产品、铺开面做营销活动，而是努力找到属于品牌“第一”的概念，成为某个领域内的老大。

当消费者有购买智能手机的需求时，会想到苹果、小米、锤子、一加、努比亚、中兴等品牌，然后，当消费者需求范围缩减，他只想购买一个拍照性能高的手机时，努比亚就会从众多手机品牌中脱颖而出。因为它的品牌定位就是拍照手机，主打拍摄功能，强调拍摄照片画质堪比单反。

虽然努比亚并不是智能手机行业的老大，但是它在拍照领域抢夺消费者的第一心智，让消费者认为它能够提供其他手机品牌所不具有的拍摄体验。

品牌“抢夺第一”能够为市场的开拓提供更大的发展机会，同时拥有更大的产品议价权，获得更高的利润回报。

但是很多市场已被瓜分完毕，品牌很难有“第一”去“临幸”。这并不代表着品牌就没有抢夺第一的机会。在这个时候，品牌管理者要拿出创业者具有颠覆性、破坏性的精神，自己创造一个领域，然后成为所开发领域的老大。新开发区域能够让消费者产生好奇之心，获得较高的关注度，品牌在高质量产品的依托下，结合强势的广告宣传也能占领消费者的第一心智。

近年来市场上感冒药层出不穷，同质化状况严重，品牌靠主打西药、中药或者中西结合的卖点很难再有建树，并且感冒药市场已被康泰克、丽珠、三九瓜分完毕。然而“白加黑”却能在不到一个月的时间内抢夺大量的市场份额，在市场中站稳脚跟。

究其原因就是“白加黑”采用“白片”和“黑片”的广告宣传方式，颠覆过去感冒药的服用方式。它解决白天服用感冒药发困、状态不好的现状，倡导消费者白天服“白片”不犯困，晚上服“黑片”睡得香。

选准品牌定位后，“白加黑”又在各大媒体进行集中的广告宣传，品牌影响力迅速在消费者心中铺开。

“白加黑”品牌依照传统方法抢占第一品牌必定会遭受到竞争对手的打击，很可能折戟沉沙。而今通过自创领域，成为行业老大，避免与竞争对手针锋相对。更重要的是它所开创的领域竞争对手短时间不能进入，所以有足够的时间在消费者心中树立第一品牌的形象。

品牌在定位时要坚持“第一法则”，通过打出竞争对手所不具备的产品或者服务特征作为卖点，抢占消费者第一品牌心智。当消费者有相关需求时，脑海中就会立刻想到品牌，完成购买行为。更重要的是品牌因此将获得长久、稳定的利润来源。

关联定位，勇敢承认自己是第二

关联定位也就是攀附名牌的策略，企业通过与行业内知名品牌建立一种内在联系，让品牌快速抢占消费者的心智，同时借助名牌的声誉能够让品牌出彩。关联定位的实质就是借助强势品牌进行攀附品牌定位，从而提升自家品牌形象。

关联定位最主要的形式就是主动承认弱势地位，甘居第二。

甘居第二就是明确承认行业的领导者，承认自己是行业第二，并且会主动学习领导者的优秀品质，继续努力工作。品牌这种敢于承认、虚心的态度能够获得消费者的认可，最终使得消费者在同情心的驱使下购买品牌产品。

蒙牛就是采用关联定位，成功“上位”，成为中国著名乳业品牌的。

1999 年，蒙牛初创时，面临着伊利和草原兴发两大资本大鳄同时挤压的危险。假如两大资本同时绞杀蒙牛，蒙牛随时都有可能被干掉。但后来蒙牛使用关联定位的方法，打出“做内蒙古第二乳业产品”的口号，并且在品牌招商宣传册上也写上了“千里草原腾起伊利乳业，蒙牛乳业、兴发集团，蒙牛乳业为内蒙古喝彩”。

蒙牛通过与伊利乳业关联定位，承认自己是第二乳业品牌。这种方法不仅借助伊利乳业极大提高了自身知名度，同时也在给其他两大品牌进行无条件的广告宣传，让品牌进入一个相对安全的地位。蒙牛的广告一出来时，消费者都在争相讨论蒙牛乳业是谁，它有什么产品。消费者主动了解品牌，对品牌的印象更深刻，随后蒙牛产品的市场被打开。伴随着众多蒙牛人的不懈努力，蒙牛终于成功“上位”，成为仅次于伊利的中国第二大乳业品牌。

租车公司艾维斯通过甘居第二的策略也让品牌获得新生。当时美国的租车行业老大是赫兹，赫兹拥有庞大的消费者群体，知名度极高，很少有美国人不知道赫兹品牌。而艾维斯默默无闻，财政上也是赤字，已经连续亏损了十几年。为了解决企业困局，DDB广告公司为其制定“我们是第二，我们更努力”的品牌定位策略。谦虚的品牌定位，让其迅速获得消费者青睐，品牌的困局终于被打开。

关联定位中甘居第二的策略对于品牌来说有三大好处。

1. 对于品牌在初创期的成长有莫大的好处

品牌在初创期面临着知名度不高、强大竞争对手绞杀的困境，不解决掉这些问题只能让品牌一直沦为弱势品牌，泯然众“牌”矣。而今品牌通过关联定位，勇敢承认第二，能够将品牌和强势品牌联系在一起，让消费者认为品牌和强势品牌处于同一等级。这无疑会提升初创品牌的实力，对品牌发展大有裨益。

2. 有利于避免竞争对手攻击，防止失败

蒙牛采用甘居第二的做法实际就是为了给自己打造一个更为安全的环境，防止遭受到伊利、兴发的联合绞杀。蒙牛主动承认伊利的市场地位，并且免费为伊利、兴发做广告，它们何乐而不为？因此强势品牌和蒙牛的关系相对和谐，不至于兵戎相见。如果蒙牛在广告上只宣传自家产品比竞争对手的优质，伊利、兴发两巨头必会投入更多的资金进行广告宣传，届时蒙牛就会面临前有狼、后有虎的困境，生存都面临困难，更别提发展了。

3. 甘居第二能体现品牌实在、谦虚的特质

甘居第二能够给消费者留下品牌比较实在、谦虚的印象，相比那些只顾夸大、不切实际的品牌，更容易给消费者留下良好的印象。届时消费者在同情心的驱使下会积极购买品牌产品。当消费者购买品牌产品之后，发现第二的产品和第一比起来并无明显的差异，甚至比第一的产品更好，这样消费者对品牌的好感也会成指数型增长，品牌也会迎来更加美好的明天。

企业通过关联定位甘居第二的品牌定位战略，能够借助强势的品牌影响力提升自身知名度，在品牌初创期为自己赢得一个相对安全的竞争环境，获得更大的消费者群体，为品牌赢得长远的发展机会。

利益定位，聚焦目标消费者，而非产品

品牌利益定位就是功能定位，即通过分析顾客欲望和需要来找到利益切入点进行品牌定位。这里的品牌利益定位不是说品牌能够给企业带来多大效益、获得多少消费者的支持，而是品牌能够给消费者带来多少好处，给消费者提供什么样的承诺。比说海飞丝品牌就能够给消费者提供“去屑”承诺，王老吉承诺“预防上火”，绿箭则提供“清新口气”的功能。

品牌在考虑消费者利益进行定位时，想要获得消费者的青睐，就要坚持以下三个原则。

1. 品牌的利益的诉求点独一无二，绝无仅有，是其他企业所不能提供的

这一原则和罗瑟·瑞夫斯的 USP（独特的卖点）理论有着异曲同工之

妙。USP理论要求产品拥有独特的销售卖点，从而消费者有某种需求时就会第一时间选择产品。而品牌定位的利益定位原则关注的是品牌利益诉求点不同，即品牌要给消费者提供的承诺是其他品牌所不能提供的，如此一来，品牌就能拥有绝对的议价权，掌控产品的价格，企业也能因此获得更高的利润。

格力品牌所提供的“格力掌握核心科技”的诉求点是其他竞争品牌所不具备的。差异化的品牌诉求点让它拥有更大的核心竞争力，拥有空调价格的主导权，企业因此获得更高的利润率。据统计，它的产品利润高达15%～30%，甚至更高。

2. 品牌利益的诉求点必须是消费者所关心的、所需要的

品牌在进行利益定位时最需要坚持的就是以消费者为本，从消费者的角度出发，找到他最关心、最感兴趣、最需要的因素，然后将这些因素加入到品牌定位中。这样品牌的定位才能定到消费者心坎上，让他主动去购买企业产品。

很多企业品牌利益定位失败的原因，就是它在进行品牌利益定位时，并没有从消费者的角度出发，而是完全站在企业立场上，紧紧抓住企业的利润率、运营成本不放。到最后制定的品牌定位，能够实现品牌那些所谓的硬性指标，但是并不能满足消费者的需求，最终消费者对它产生无视感，品牌则白白浪费时间、人力和财力。

3. 品牌利益的诉求点要集中，不可妄想一石二鸟

品牌在进行定位时，切记要有所侧重，把品牌能够给消费者带来最核心的利益展现出来。不可让一个品牌拥有多个利益承诺。多利益承诺会减弱品牌最核心的承诺，到时消费者很难记起品牌核心诉求，再加上消费者的心智本来就有限，最终会记不起品牌核心利益点。

成立于1966年的红牛集团，品牌定位一直秉承利益诉求点集中的原则，以“累了、困了喝红牛”为利益点。经过长时间、大规模的广告宣传之后，品牌在消费者心中留下较深的品牌形象。当消费者有购买功能型饮料需求时，第一时间就想到红牛品牌。

品牌站在消费者的立场，以消费者的角度出发进行品牌定位，能够让品牌最大限度地帮助消费者解决实际问题，从而获得消费者的青睐。相信拥有大量消费者支持的品牌，必然能够在移动互联时代下爆发出更大的发展活力，拥有更多的发展机会。

简化信息，“一词占领心智”

随着数字化技术的发展，新媒体不断涌现，信息的数量急剧提升。消费者的心智和眼球每天被大量品牌信息占领，很难腾出空来让新品牌落脚。新品牌要想突围，从众多品牌脱颖而出，抢夺消费者眼球，必须保证品牌定位一针见血，直击消费者的痛处。如何做到？就需要经营者在品牌定位时简化信息，找到品牌最核心的内容，最好用一个词语、一句话就能表达出品牌价值，占领消费者的心智。

特劳特在《定位》中也提道：“应对传播过度的社会最好的方法，就是尽量简化信息。传播犹如建筑一样，越简洁越好，能用一词占领消费者的心智最好。”

沃尔沃凭借“安全”一词抢占消费者对安全汽车需求的心智资源，奔驰凭借“驾驶”一词俘获众多喜爱驾驶的消费者，佳洁士的“防蛀牙”抢占消费者关注蛀牙的心智，联邦快递用“隔日到”抓住消费者对快物流的心智。

依靠“一词”占领消费者心智的品牌国内也有很多。比如云南白药的“止血、化瘀”。云南白药在1902年被曲焕章研制而成，产品自产生之后一直以“止血、化瘀”的功能为卖点。后在广告宣传时，将“止血、化瘀”作为宣传卖点，长时间、大规模的宣传，使云南白药“止血，化瘀”的卖点深入消费者心中。

企业在进行品牌定位时要尽量简化，讲出品牌的核心价值即可。切不可采取和盘托出的品牌定位战略，让品牌没有侧重点，届时消费者在购买相关产品时不能产生品牌联想。

我们经常在凌晨时看到电视台播放一些令人发笑的药品广告，广告中将药品宣传成包治百病的产品，对支气管疾病、腰疼、腿疼、肾虚，甚至连感冒、发烧都能治愈。这种毫无重点、和盘而出的定位自然不会让消费者去购买企业的产品，更别提对品牌产生好感了。反而那些通过简化信息的品牌能够获得消费者的信赖，比如江中药业“健胃消食”，六味地黄丸“滋阴补肾”，吗丁啉“助消化”等。

简化品牌信息同时也能给消费者营造一个品牌专注的形象。

消费者想在网上购买化妆品，往往会在聚美优品官网购买，因为聚美优品的品牌信息很简单，就是“售卖美妆”，即专门售卖化妆品的垂直电商。品牌信息简化让聚美优品给消费者留下一个专注的品牌形象，认为它售卖的化妆品质量更好，所提供的服务更全。

企业在进行品牌定位时坚持简化信息定位战略，能够在传播过度的社会中让品牌快速进入消费者的心智中，并且给消费者留下品牌专业能力强的印象，对品牌的信任度也会更高。

第二章

品牌传播：让消费者主动“分享”

第一节 品牌故事

在品牌营销学中流行一句话：“任何形式的营销活动都抵不上一个有价值的品牌故事。”这句话一语中的地说明了品牌故事的重要性。品牌故事不仅能够让消费者了解更多关于公司和产品的信息，而且能够激发消费者对品牌的兴趣，搭建品牌与消费者沟通的桥梁，让双方的交流更顺畅，彼此的关系也能拉近一步。

没有故事的品牌不能称其为品牌

品牌故事是指品牌在创立和发展的过程中出现的有意义的事件。品牌故事能够体现品牌经营理念，增加品牌的历史厚重感，提升品牌的资深性和权威性。同时品牌故事是品牌向消费者传递品牌理念的载体，没有故事的品牌显然不是品牌，它顶多是一个符号或者毫无价值的名称罢了。

为什么路易威登产品的价格高得令人咂舌？是什么让它敢定如此高的价格？除了其产品质量好，广告宣传效果佳，更重要的是品牌拥有众多精美的品牌故事，这些品牌故事是那些新创品牌所不具备的，这些故事让品牌敢向消费者“索要如此高的价格”。

路易威登有100多年历史，创始人从一介皮匠到为最高领导人路易十三制作奢华皮具的工匠，这个品牌故事赋予了品牌更多的精神内涵。

当然路易威登的品牌故事远不止创始人的故事，还有企业对产品质量严苛把控的故事。传说路易威登皮具上的拉链都要经过上千次的破坏性试验，当皮具成型后还要经过红外线、紫外线、腐蚀、从高空摔下等众多破坏性试验，以求为消费者提供最精美的产品。另外，在原材料的采购上，都是严选欧洲、美国上等牛皮，甚至很多奢华汽车都以用路易威登的牛皮为荣。这些品牌故事都帮助路易威登建立了高品质的品牌形象。

品牌故事丰富了路易威登的品牌内涵，能够满足消费者更多的精神需求。甚至可以这样说，一部分消费者购买品牌就是因为它的品牌故事。

如何让品牌拥有优秀的品牌故事或者有一则美好的寓言？企业首先要明白品牌存在的意义是什么。将品牌的意义搞清楚之后，才能塑造消费者喜欢的品牌故事。

品牌存在的目的就是用情感性和相关性产品为消费者营造一个迷人、愉快、令人难以忘怀的购物体验。企业在发展战略上加入品牌故事，能够让品牌形象更饱满，让消费者对品牌产生好感，真正实现品牌的价值。

了解了品牌存在的目的之后，企业坚持以下三个原则可以塑造属于企业自身的品牌故事。

1. 真实可信

真实可信是塑造品牌故事必须坚持的原则，一个没有事实依据作为支撑的品牌故事，会在时间和消费者的推敲中丧失价值。很多优秀的企业勇敢将发展中真实遇到的问题、挫折做成品牌故事，更好地提升品牌价值。

1985年，海尔从德国引进了世界一流的冰箱生产线。引进生产线一年后，海尔陆续接到消费者投诉，海尔集团积极为消费者提供换货，但是库存的76台冰箱却让管理者犯难。这时海尔总裁张瑞敏提出将76台冰箱全部销毁，不能让它们进入市场伤害消费者。当时海尔很多高管劝张瑞敏不要销毁，因为这些冰箱只是稍微有点瑕疵，便宜卖给消费者也是能说得过去的。但是张瑞敏从海尔的品牌形象出发，坚决拿起铁锤把这76台冰箱砸烂了。张瑞敏砸冰箱这个真实可信的品牌故事后来广为流传。

张瑞敏砸冰箱这件事是很多消费者都知道的事情，所以它作为品牌故事的说服力是比较强的。而有的品牌通过编造一些子虚乌有的品牌故事，最终被消费者识破，品牌的名誉也会一落千丈。

2. 必须要有个性

企业在塑造品牌故事时要保证自己的故事具有独一无二性的差异性，是其他竞争对手所不能提供的。如果企业提供的故事和竞争对手无异，品牌故事怎么可能被消费者记住？

国酒茅台的“摔瓶”品牌故事具有较强的个性和差异性。相传国酒茅台在1912年布鲁塞尔国际博览会上，经过多轮评选，竟然不在获奖之列，这可急坏了当时去参展的茅台酒厂工作人员。突然有人灵机一动，将一瓶茅台酒摔破，酒的香气立刻弥漫整个展厅，评委们纷纷向茅台酒的展位靠近，最终茅台酒重新得到评委们的一致好评，获得大奖。

茅台的“摔瓶”故事具有个性，是其他竞争对手所不具备的，很难模仿，因此它的这个品牌故事一直为其所有、为其所用。

3. 不恶意炒作

品牌拥有故事很好，能够帮助品牌更好地进入消费者心智。但是以恶意炒作、挤压竞争的形式创造出来的品牌故事，即使提高了自身的知名度，却会让企业背负不良名声。

企业在构建品牌故事时，要坚持真实、个性、不恶意炒作的三大原则，从而打造出属于品牌自己的故事，让品牌借助品牌故事更快地进入消费者的心中。

人们更愿意记住和分享故事，而不是符号

相信大学报到第一天晚上，每个宿舍都会进行卧谈，以相互了解。通常宿舍总有一哥们高谈论道，讲他在高中时怎样逃课，如何成为学校的风云人物，去过哪些地方，恋过多少妹子……不管他讲的是否属实，但是他给人留下温和、能够与同学和睦相处的印象。然后在第二天的评选中他很有可能成为寝室长。

一个有故事的人能够获得更多的机会，对于品牌来讲也是如此。拥有较多优质故事的品牌更容易打动消费者。因此品牌要尽可能给消费者提供故事，而不是一些只代表品牌的符号。

> 同样是橙子，为什么褚橙成为消费者眼中“励志橙”，受到追捧，供不应求。而其他的橙子却只能以低价格吸引消费者。究其原因，普通的橙子仍然是功能性的橙子，而褚橙不是，从它身上消费者能够看到褚时健大起大落的人生经历。
>
> 褚时健年过 80 岁，仍然坚持创业的品牌故事一经传出，很快打动众多消费者，他们不仅纷纷购买褚橙，而且把褚橙这个故事主动分享到朋友圈，形成口碑效应。这使得褚橙在短时间内就被抢购一空。如果褚橙没有这个品牌故事，换句话说，如果橙子是由一个普通农民种植而成，它仍然只能依靠低价来获得消费者的好感。

褚橙营销的成功也说明品牌故事的巨大力量，优质的品牌故事能够为企业带来更多的消费者，快速提升品牌的知名度。

为什么消费者都喜欢品牌故事？最主要的原因就是品牌故事开辟了品牌与消费者沟通的新方式。过去品牌通过一系列系统识别的东西，比如口号、标志和消费者进行沟通，这样关系更像买方和卖方，消费者也只能被动接收品牌所传递的信息。

而今双方变成一种讲述者和倾听者的关系，这种变化能够让消费者感受到品牌重视他，真正把他当成上帝，他能够在听故事的过程中感受到主人翁的感觉，因此消费者都喜欢品牌故事。企业通过品牌故事不仅能够获得消费者的青睐，而且由故事引发的内容营销能够在营销成本尚未增加的情况下，实现营销翻倍的效果。

既然消费者喜欢品牌故事，企业应该塑造何种类型的品牌故事将品牌深植消费者心中呢？

1. 创业型故事

2014 年阿里巴巴在纽约上市时，马云创业的故事就被风传。网上有很多关于他何时进行创业以及在创业时遇到何种困难，怎样克服困难的故事。当一个企业成功之后，人们总愿意去扒创始人或者企业之前的故事。很多品牌都将创业时期的故事作为品牌的故事，以此展现品牌永不服输、敢于尝试的品质。

2. 历史型故事

历史型故事主要讲品牌存活多长时间，从而变相显示品牌经得起时间和消费者的检验。美国热水器品牌 A. O. 史密斯就为消费者讲述了一个历史型故事，品牌通过这个故事向消费者说明 A. O. 史密斯热水器能使用长达 52 年之久。珠宝类、手表类品牌也很喜欢用历史性故事塑造品牌，比如百达翡丽手表的世代相传，戴比尔斯珠宝的“钻石恒久远，一颗永流传”等。

3. 传播型故事

可能有些读者会说，有些品牌不是大品牌，也没有香奈儿、路易威登这样百年的历史，是不是没有故事可讲。显然不是，这类企业可以从其他角度来讲故事，也能取得很好的传播效果。

比如深植在淘宝平台的维吉达尼。维吉达尼在成立初期就想将农夫故事融入产品中，在前期售卖产品时，都会用农户的名义发几条微博。维吉达尼这种做法受到姚晨、任志强等大V们的转发。当大V为品牌站台后，品牌的知名度快速提升，让店铺人文情怀的品牌定位得以树立。

4. 风格型故事

风格型故事就是为了树立品牌的个性，让品牌具有差异性，消费者发现这种风格时就能想到品牌。品牌的风格型故事多出现在快消品领域。比如炫迈口香糖的“根本停不下来”故事，还有益达唯美的爱情故事，都属于风格型故事。

5. 细节型故事

小细节也可以做文章，从小细节入手能够给消费者展现细心的企业形象。

谷歌公司十分擅长塑造品牌的细节型故事。比如谷歌经常变换自家的标志，新标志的变化十分细微，如果消费者不仔细观察，很难发现，因为它只是将字母G或者O稍微进行前移、后退。公司将这个改动的故事，命名为“99.9%的人很难发现这个改动”。谷歌每一次标志改动都会成为一个故事，故事的广泛传播也让品牌精益求精的形象展现给公众。

企业抓住消费者愿意记住和分享故事的特点，发掘企业自身特色，塑造只属于企业的故事，用故事来调动消费者主动接触品牌的积极性，更好地将品牌理念传递出去。最后借助消费者的分享，扩大品牌影响力。

故事更容易使消费者受到感染或冲击

小时候我们听完一个故事后，总是缠着给我们讲故事的长辈“再讲一个嘛，再讲一个嘛”。而长辈通常讲一些关于做人的道理的故事。如果他们直接告诉我们应该怎样做人，我们必定会说：“不要再讲了，烦不烦。”

我们不仅能从长辈口中听到故事，而且能够从书中发现故事。渐渐地，我们习惯了故事这种讲述方式。品牌通过向消费者讲述故事，不但不会使消费者产生提防之心，而且会更容易使消费者听完品牌故事后备受感染和冲击。

在前面两节我已经讲过什么是好故事，好故事的标准是什么，以及品牌可以塑造何种类型的故事。在这一节我将会告诉你如何讲好一个富有感染力的品牌故事。

品牌故事写作通过起、承、转、合四步完成。

起是品牌故事的开头，这部分要保证有趣、有料，唯有如此才能吸引消费者的兴趣。如果品牌故事一开始很无聊，或者跟消费者互动性不强，消费者就很难有耐心坚持阅读完品牌故事，这样就不能通过品牌故事传递品牌精神。

因此品牌管理人员在写品牌故事时一定要调查出消费者真正的需求是什么，然后以他们关注的点为切入点，写出他们感兴趣的东西。另外，品牌管理人员在写开头时，也一定要保证写作风格和企业品牌风格相配，防止风格相差过大给品牌带来伤害。

承的部分就要顺理成章引到故事上，是故事的主要部分。在承的部分可以谈历史、传奇、风土人情等一些有趣的故事，继续吸引消费者阅读品牌故事，为下一步“转”做铺垫。

转是写品牌故事时最重要的一步，这步就要引出品牌。在引出品牌时要保证前面的起和承做好了大量的铺垫，这时品牌的出现就不会显得突兀。同时在转的时候，也要提出一个问题，这个问题必须是消费者购买产品的核心要素，就是消费者为什么要购买品牌产品。

最后一步合就要解决在第三步转中所提出的问题，让消费者感觉到品牌能够满足他的需求。

这是写品牌故事的常用套路，企业要想让自己的品牌故事更有创意，打动消费者的心，不仅要多练笔，更要参照其他成功的品牌故事写作，以此提升品牌故事的水平。

左岸咖啡就是一个成功的品牌故事营销的例子。

1997 年，统一企业准备推出一款新咖啡饮料“左岸咖啡”。当时台湾咖啡的价格在 15 元左右，而左岸咖啡的价格定在 25 元，如何让消费者接受这款高价格的咖啡？统一集团决定给左岸咖啡写个品牌故事。左岸咖啡的品牌故事以一个女性的视角出发，写出了这样的品牌故事：

旅行的人，总带着脆弱的灵魂

他在找一架钢琴/我看见他走进咖啡馆/想送给 E 大调，练习曲

他只点了一杯卡贝拉索/但爱情是交响曲

这个时刻/人来人往正以练习曲的步调在我们之间进行

E 大调练习曲/便成为离别曲

这是 1849 年之前的事/他是肖邦

我们都是旅人/相遇在左岸咖啡馆

品牌故事并没有像传统的宣传方法那样，强调咖啡的品质，而是营造了一个朦胧、浪漫的氛围。品牌故事让左岸咖啡不再是一个单纯售卖咖啡的咖啡馆，而是变成一个具有人文、浪漫、自由气氛的场所。随后，左岸咖啡品牌一炮打响，获得了大量文艺青年的喜爱。

类似的好的例子还有很多，品牌在塑造品牌故事时，只有多比较、多学习优秀的例子，积累经验，才能写出直击消费者内心的品牌故事，才能让消费者接受品牌的价值主张。

多种渠道进行有效的传播

成功品牌多由众多故事支撑起来，没有故事的品牌充其量就是一堆符号，消费者很难对其形成忠诚度。但是当品牌有了故事后，在信息爆炸、媒体爆炸的时代，品牌故事通过何种渠道进行有效传播，是摆在企业面前的难题。

2001 年，郭宝昌执导的《大宅门》电视剧在央视热播，亿万观众重温百年老字号同仁堂的品牌故事。据了解，这部电视剧同仁堂并未提供任何拍摄费用，郭宝昌将拍摄角度对准同仁堂，是因同仁堂的百年品牌故事有宣传价值，适合搬到电视荧屏上。

近些年来，同仁堂积极用电视演绎品牌故事的方式深化品牌。比方说同仁堂和北京人艺合拍6 集连续剧《同仁堂的传说》，还和北京京剧院排练话剧《风雨同仁堂》，每到一处都受到广大观众的关注和喜爱。电视剧和戏剧的受追捧让同仁堂的品牌故事随之传扬开来。

品牌故事通过画面感强、表现形式多样的电视进行演绎，能够更好地表现品牌故事内涵，更容易被广大消费者记忆。当然品牌故事不仅可以通过电视、戏剧进行演绎，也可以通过书籍的形式向消费者呈递。

小米的品牌故事通过《参与感》一书传播开来，作者黎万强在书中详细介绍小米是如何成立以及在经营过程中怎样解决小米的营销难题，通过书籍将小米的品牌故事生动展现到读者面前，读者对小米品牌的知晓度随之提高。除了小米之外，海尔更是出版官方管理书籍，如《海尔人话海尔》《海尔品牌之路》等书。

企业如果仅仅通过电视和书籍显然不能将品牌故事传播得更远，因为在今天这个碎片化时代，消费者不可能有大量的时间去观看你的电视剧、阅读你的书籍，所以企业要顺应时代发展之势，选择消费者最易接受的方式传播品牌故事。

微电影是当今品牌进行故事传播的最为有效的方式之一。

2014 年新百伦（New Balance）牵手李宗盛拍摄微电影《致匠心》，影片表现李宗盛制作吉他和新百伦制作鞋子秉承匠人专注之心的精神，向消费者传播新百伦以工匠之心做运动鞋的品牌故事。微电影上线之后，吸引众多观众观看，很多观众在品牌微博、官网纷纷留言。品牌故事通过微电影的形式更好地传递了品牌内涵。

微电影时间短，符合当今消费者快阅读的习惯，能够在碎片化的时代进行品牌故事传播。企业家们除了用微电影进行故事传播之外，还想到了其他高招。

国内葡萄酒巨头张裕建立了“张裕卡斯特 VIP 俱乐部”，企业不仅能够在俱乐部中售卖最新生产的葡萄酒，而且能够和俱乐部成员共同探讨葡萄酒的知识，同时在俱乐部中，品牌也能更好地传递品牌故事。皮尔·卡丹经常举办时装展示会，咖啡巨头星巴克常常出版刊物，这些做法都是在为品牌故事的传播铺平道路。

不可否认，品牌故事的传播还有多种渠道，如微信、微博、QQ空间等社交媒体。品牌不管使用何种途径，需要注意的是要保证传播的品牌故事具有传奇性和新颖性，保障内容具有较高的传播价值，只有这样才能使品牌故事被消费者喜欢，形成口碑效应，让故事进行多次传播。

品牌在进行传播时，首先要挖掘出品牌内部具有传奇色彩的故事；其次通过书籍、电视剧、微电影、鉴赏会的形式进行宣传；最后借助一些大众传媒或者新型媒介进行广泛传播，将品牌故事传送到更多消费者的心中。值得注意的是，品牌在传播时，要尽量采取软广告的形式，不可采用硬广告，因为用软广告能更好地打动消费者的心。

第二节 品牌产品

无论企业如何进行品牌故事的宣传，最终到达消费者手中的仍是实实在在的产品。如何实现消费者对品牌产品的喜爱？品牌可以通过向消费者提供个性化的产品，邀请消费者进行产品设计和试用，公开消费者参与设计产品的表现这三种方法来实现。

为消费者提供个性化的产品

日本首相大平正芳在20世纪80年代说：“在世界政治时代、经济时代过后，文化时代已经到来。在文化时代最重要的特征是消费者可以按照自己的个性去设计自己想过的生活。换句话说，过去企业‘大规模，标准化’的产品显然已经不能满足消费者的需求。因此在文化时代，企业必须要为消费者提供个性化的产品。”

企业可以按照以下四种方法为自己的产品赋予个性，满足消费者对个性产品的追求。

1. 产品的质量、形象个性化

消费者购买产品的风格不像专家，过分追求产品的参数，纯理性购买，很多时候都是凭借自己对产品的印象、好感而购买产品。企业只有在产品的质量、形象上大做文章，让产品质量和形象富有个性，才能充分调动消费者的感官神经，提升消费者购买企业产品的机会。

养生堂公司从原材料的角度出发，强调旗下农夫山泉品牌水源来自千岛湖，这类水是弱碱性水，更适合消费者饮用。另外农夫山泉品牌名也具有浓厚的文化内涵。“农夫”就给人质朴、敦厚、老实的印象，“山泉”则给人清爽之感。农夫山泉从产品的质量和形象上进行挖掘，让产品更加个性十足。

农夫山泉通过在产品的质量和形象上下功夫，能够让产品丢弃过去老旧的品牌印象，给消费者留下一种新颖、充满活力的印象。

2. 利用商标、包装、外形、颜色实现产品个性化

产品的外在形式最主要的就是商标，它是产品声誉、特性和效用的象征，知名商标和它的产品的质量、声誉和知名度有着密切的联系。而与众不同的包装、外形、颜色也能实现产品的个性化。

产生于瑞典南部小镇的绝对伏特加就是用其独特的包装，实现产品差异化最典型的例子。它的酒瓶颈长肩宽，在酒瓶的外部直接印上绝对伏特加的品牌名称，这和当时用纸标签的做法迥然不同。另外，绝对伏特加在长期的广告宣传中，始终延续酒瓶形状的广告风格，这使得很多消费者一看到酒瓶的形状，第一时间就想到绝对伏特加这个品牌。

3. 利用信息传递和广告运作实现产品个性化

企业在广告宣传上通过声音、符号或者图像向消费者宣传产品的不同之处，让受众了解产品与其他产品的不同之处，树立独特的形象。

益达凭借着唯美的广告风格和“两粒一起嚼才最好”的广告语成功树立了自己的产品风格，实现了产品个性化。炫迈的“根本停不下来”和柒牌男装“男人就应该对自己狠一点”的广告语，都是用广告帮助产品实现个性化的例子。

4. 通过价格实现特色和产品个性化

关于产品价格的制定，商家一般采用成本定价的方法，即产品的完全成本加上合理利润。或者采用品牌加价法，即完全成本加上品牌无形资产。企业在进行产品定价时不能局限这两种定价方式，而是应该积极探讨新的定价方式，让产品通过定价方式的革新实现个性化。

华住酒店集团下的海友酒店发起会员在离店时可以根据入住感受而进行付费的活动。这种大胆的定价方式不仅没有让酒店亏损，反而因其相信客户，获得了更多客户的好感。

不仅可以通过定价方式实现产品个性化，品牌也可以通过高价和低价的营销策略实现差异化。比如水中贵族“百岁山”就是依靠较高定价获得那些众多追求高质量水的消费者的欢心。

品牌通过产品质量、包装、广告宣传方式和价格实现产品的个性化，能够为消费者提供极具个性化的产品，更好地满足消费者个性化的需求，提升消费者对品牌的满意度。另外品牌通过树立个性化的特征，还能够为品牌获得更大的议价权，也能取得更大的利润。

邀请消费者进行产品设计及试用

毫无疑问，顾客需求是产品设计开发的重要出发点和考察要素。在这个产能过剩、供大于求的时代，企业要想让自己的产品满足消费者的需求，可以在产品开发初期邀请消费者进行产品设计或者提前试用企业产品。

让消费者参与产品设计其实是“体验经济”的产物。早在20世纪30年代，美国社会学家阿尔文·托夫勒就说过：“产品经济时代、服务经济时代之后就是体验经济时代。在体验经济时代，企业只有让消费者参与到产品的设计和试用中去，企业才能得以存活。”

家居用品零售商宜家在开店时，经营者不是一权独大，而是将店铺设计的决定权交给消费者，由他们来决定店铺装修风格。宜家在建店之前，经营者为了收集消费者的建议，会将消费者分为9个小组，然后对这些消费者说：“大家假设一下我们的店铺昨天毁于一场大火，现在你们要开始设计新店，请把你们理想中店铺的样子描绘出来。”然后消费者根据自己理想中店铺的样子进行设计。负责人要做的工作就是将消费者的愿望收集起来。

之后，经营者会建造一个三层的八角形商场，商场的装修也是依照消费者喜欢的风格进行装修。最后调研消费者对宜家新店的设计是否满意时发现，85%的消费者对新店的设计十分满意，很少有消费者对新店设计不满意。

消费者参与产品设计及试用对于企业来讲有两大益处。

1. 促进新产品的开发和服务创新

消费者参与产品设计，能够为产品开发者提供更多有价值的想法，开发者将它们实现，从而加速新产品的研制开发进程，让新产品能尽快在市场上市。

消费者参与产品设计，也会向经营者的服务提出更高的要求，经营者为了达到消费者的要求，必然会积极更新服务观念，进行服务创新，以求给消费者提供更好的服务。当品牌在不断革新服务水平和方法的同时，服务水平和能力也会得到质的提升。

小米公司在创立初期就积极听取消费者关于手机系统MIUI（米柚）的看法和意见，公司规定工程师每天必须到贴吧和微博上听取消费者的建议和意见，解决用户问题。另外，公司将消费者拉进创作团队中，和他们共同开发游戏和主题。小米集团的这些做法也使得它拥有了更多消费者的支持，成为中国第一大手机厂商。

2. 提升顾客满意程度

企业邀请消费者进行产品的设计和试用时，能够让消费者的主人翁意识充分觉醒，享受到“上帝”的感觉，体会到品牌极其重视自己的想法和观点，由此品牌在消费者心中的地位也会直线上升，对品牌的满意度也会大幅度提高。

不可否认，消费者参与产品的设计和试用会给企业带来众多好处，但是企业应该意识到消费者的参与也会出现不积极履行自身职责，或者故意给企业提供一些虚假信息的问题，这些都有可能让品牌之前做的工作价值丧失殆尽。因此品牌在邀请消费者参与产品设计时，更应该制订一些规则，用这些规则来让消费者的参与变得更具体、更有价值。

另外，当品牌从消费者的建议中持续获利时，消费者也会考虑到知识产权的问题，他会认为“企业采用我的看法获利，所以它必须要给予我一定的物质回报”。到了这个时候，品牌可能要因消费者参与产品设计而使得运营成本增加。

公开消费者参与设计产品的表现

2014 年 8 月 13 日，凡客老总陈年收到成都女孩刘梦的微博私信。刘梦在微博私信中写道：“我很诚心的，认真地跟你说这件事，希望你能看到。这双鞋反正我是不会穿了。希望陈老大可以重新审视你的帆布鞋。”

陈年收到私信之后备感震惊，想不到自己生产的帆布鞋不仅不能满足消费者穿上一双舒服鞋的需求，反而伤害了消费者的脚。而后陈年停掉帆布鞋全部的生产线，主动和消费者沟通，询问帆布鞋出现问题的原因，然后邀请消费者去参与设计产品，真正设计出自己满意的一双帆布鞋。经过 600 多天的实验，凡客终于带着一双质量合格而且让消费者满意的帆布鞋归来。

那些参与试穿、给予凡客建议和参与设计产品的消费者名单，也被凡客写到帆布鞋简介上。凡客公开消费者参与设计产品的表现获得了众多消费者的好感，很多消费者又重新穿上了凡客的帆布鞋。

除了像凡客一样公开消费者参与设计产品过程，公布消费者名单之外，企业还可以与消费者共同开发产品，共享收益，让消费者能够从参与设计产品中获得真金白银，在奖励刺激下，消费者会更主动地参与品牌产品的设计。

在2015年1月12日召开的第二届小米主题峰会上，会议的重点围绕着设计师，讨论如何为设计师服务，让他们赚到钱。会议吸引了众多媒体、设计师的到来，因为在他们看来，画几个图标就能挣到钱是很难成功的。随后主题峰会主讲人的发言打消了他们的疑虑。

小米主题商城的主题原来都是由用户自己设计，上传到商城供其他用户下载。这种方式既不能激发用户主动参与设计产品的热情，也不能满足那些追求更精致主题用户的需求。在这种情况下，小米集团准备采用和上传者进行共同分利的模式，上传者拿主题模式分红的70%，小米商城拿30%，而且更重要的是每个主题后面都会备注设计师的名字。

这种激励方式不仅让小米商城的主题出现井喷，同时小米商城获利颇丰。更重要的是这种方式极大地激发了用户参与设计产品的热情。现在小米主题商城的主题无论是质量还是数量都有很大程度的提升，越来越多的用户在商城购买主题、设计主题。

企业除了公开参与设计产品的消费者的名单、让他们获得一定精神需求，或者给予他们真金白银，让他们得到一些经济回报之外，还可以适当给予消费者一些权力来参与设计产品，比如监督的权力、价格制定的权力等。

消费者监督权力是指消费者有权检验产品的成分、安全、使用性能、包装，以此来保证品牌能够生产出优质、完美、具有完善服务的产品。企业给予消费者的监督更像一种外在的力，以此来束缚品牌，让品牌生产出更优质的产品。

过去企业产品价格制定大都围绕成本而定，消费者很难发挥作用。现在企业给予消费者制订价格的权力，消费者能够拥有产品价格制订的主动权。同时消费者制订产品价格也能让企业发现自身问题，监视经营，更好地为消费者服务。

企业公开消费者参与设计产品的表现既能够更好地满足消费者的需求，也能够颠覆过去的营销方式，从“产品营销”转变成“服务营销”，革除品牌营销观念，让品牌拥有更健康的内核。

第三节　品牌体验

品牌体验是顾客对品牌的经历和感受，凌驾于产品和服务之上，它包含消费者与产品和服务商的每一次交流和互动。品牌要想给消费者提供极佳体验，就要主动创造消费者与品牌之间的互动，建立品牌与消费者线上线下的联系，充分调动消费者感官，打动消费者的情绪和情感，让消费者主动参与解决问题，最终让消费者与品牌结成亲密关系，让消费者对品牌养成依赖，促使消费者多次购买品牌产品。

创造消费者和品牌之间的互动机会

随着移动互联技术的高速发展和消费者需求的转变，使得营销环境变得越发复杂，企业在塑造品牌时将面临更大的挑战。当今，塑造品牌最好的途径不是通过一整套品牌标示、大规模的广告宣传，而是要与消费者对话。通过对话，品牌方能将品牌理念完整传递给消费者，消费者也才能更了解品牌，继而爱上品牌。

因此品牌要创造消费者和品牌互动的机会，让品牌和消费者进行多次对话，让彼此更了解对方。

1. 巧用社交媒体与消费者对话

智能手机的浪潮已经来临，消费者越来越依赖于智能手机，花在智能手机上的时间越来越长。据调查，一个正常人每天花在智能手机上的时间超过 2.5 小时，其中花在微博、微信、陌陌等社交媒体的时间高达 1.5 小时甚至更长。品牌要想和消费者进行沟通，就要顺应消费者常用社交软件的习惯，在社交媒体上和消费者进行互动，以此增进彼此的感情。品牌在运用社交媒体和消费者沟通时，一定要保证品牌传达的内容有料、有趣、有价值，吸引消费者主动参与其中，和品牌进行沟通。

杜蕾斯通过社交媒体——微博让品牌与消费者更亲近。可以这么说，杜蕾斯是所有品牌中最喜欢和粉丝进行沟通的品牌。

2011 年 6 月的一场大雨，着实让杜蕾斯火了一把。当时正值北京晚高峰，微博上众多网友都在讨论如何回家，这时一个叫“地球捣蛋”的账号发出了一条微博：“幸亏包里有两个杜蕾斯，可以将杜蕾斯当鞋套”，并配了图，介绍杜蕾斯当鞋套的方法。此微博一发出去，就受到网友疯狂转发，很快转发量破万。事后杜蕾斯策划集团承认这场活动是集团策划的。

杜蕾斯借助微博，生产了众多优秀内容的例子还有很多，值得很多品牌借鉴、学习。当然品牌不仅可以通过微博，也可以借助当今比较流行的微信、陌陌、来往等社交软件和消费者进行沟通。但是在沟通时还要保证传递的内容有价值，只有这样才能保证品牌传递的内容受到消费者的喜爱。

2. 邀请消费者参观线下工厂，增加消费者与品牌亲密接触的机会

2011 年 2 月 23 日，蒙牛工厂迎来了一批特殊的客人，他们不是投资者，也不是工商局的检查人员，而是从全国各地赶来的消费者代表。蒙牛集团开放工厂，向消费者展示集团“高、精、尖”的技术，让消费者对品牌的实力、产品的质量更信任。

邀请消费者参观线下工厂的方法，能够增加消费者与品牌互动的机会，拉近彼此之间的距离。

3. 举办线下交流活动，让品牌和消费者进行“面对面”的交流

线下交流活动也是品牌和消费者进行互动、沟通、交流的方法之一。品牌通过赞助线下活动或者在线下举行产品发布会，实现品牌和消费者之间直接的交流，使品牌将自身理念更好地传递给消费者。

全球第一大运动服饰品牌耐克经常赞助区域型的篮球比赛，比方说三人篮球赛。集团通过赞助比赛，能够将品牌的理念和文化传递给参赛者和观赛者，另外更重要的是集团通过赞助比赛获得与消费者进行沟通互动的机会，使两者的感情更好。

类似的品牌与消费者沟通的方式还有很多，如线下的品牌体验店。但是品牌应该注意的是，无论是使用社交媒体还是邀请消费者参加线下的活动，品牌都需要在进行活动时和消费者进行充分的交流，去和他们做朋友，发现他们的需求，满足他们的需求，让消费者获得良好的体验。

建立品牌与消费者间的线上线下的联系

过去，消费者可以从线下实体店购买商品、获得品牌体验，而今电子商务快速发展，消费者可以从网上购买到各种各样的商品，享受到不同于线下的全新的品牌体验。随着消费者网购习惯的养成，品牌要想牢牢拴住消费者的心，必须要从线上和线下两方面发力，与消费者建立更多的联系，以此牵引消费者成为品牌忠实的粉丝。

日本企业优衣库就是通过与消费者建立线上和线下的联系，提供更佳的用户体验，不仅俘获了大量消费者的好感，实现了营业额节节攀升，而且让其品牌理念也深植于消费者心中。

2002 年优衣库进入中国市场，在上海开了第一家店，经营多年用“惨淡”形容不为过。2005 年之前，几家门店无一盈利。经营者痛定思痛，发现销售业绩不佳的原因就在于品牌未能给消费者提供较好体验，和消费者建立的联系不强。最后经营者调整经营战略，通过改变装修风格、调整售货员销售方法，以此给消费者提供更佳的品牌体验，让消费者和品牌联系增强，最终使优衣库扭亏为盈。

2009 年电子商务市场蓬勃发展，优衣库成为第一个敢于吃螃蟹的海外品牌。2009 年 4 月，优衣库的天猫旗舰店正式上线。可是线上如何满足消费者的品牌体验，如何在线上增强与消费者的联系的问题又摆在经营者面前。

经营者设计开发出 4D 虚拟试衣间，消费者将自己的身高、体重、胸围输进去就可以看到自己试穿衣服的情形，这种试衣方式给用户提供了极好的品牌体验，一经推出立刻受到消费者的喜爱。在 2014 年“双十一”期间，优衣库旗舰店取得女装类第二、男装类第五的优异成绩，销售额也是达到 724 万元，占优衣库大中华区销售额的 6%。

优衣库完成品牌在线上和线下的布局之后，并未停歇，而是紧接着打通线上和线下的渠道，让线上和线下的服装采取同质、同价的战略，鼓励消费者线上下单，线下试穿。当线上的用户转移到线下来时，实体店的营业员会热情地给消费者提供更优质的服务。这样通过线上和线下的双环驱动，品牌与消费者之间的联系程度增强，两者的关系更为密切。

优衣库的成功给了企业很多启示。首先企业在线上与品牌建立稳定的联系之后，并不意味着线上和线下割裂开来，相反，它们是相辅相成的。

究其原因，线上和线下有共同的消费者。明白这一点之后，品牌要做更多的事情来围绕这部分消费者，把他们从线上转移到线下，使得他们和企业拥有更长久、稳定的联系。

其次品牌要坚持创新。品牌在通过线上或者线下拉近与消费者之间的距离时，一定要多进行创新，革除一些不佳的体验，用更具创新的方式给予用户最佳的体验，从而真正让他们从中体会到品牌的良苦用心，从内心深处去认可品牌、喜爱品牌。

相信品牌通过在线上和线下与消费者结成更强的联系，能够拥有更广泛的消费者基础，在未来的商业竞争中，会拥有更大的发展机会，占得更有利的地位。

品牌体验要给消费者全面的感官刺激

哥伦比亚大学商学院教授伯恩德·H. 施密特在《体验式营销》一书中讲到感官刺激是品牌体验的前提，认为一个优秀的品牌能够给予消费者全面的感官刺激。另外，某品牌杂志在所做的感官研究中发现，当顾客动用较多的感官去接触品牌时，他和品牌的联系就越紧密，而且顾客也愿意付出更多的资金来埋单。换句话讲，品牌提供的服务越全，越有机会获得更大的议价权。

感官刺激由视觉、听觉、嗅觉、触觉和味觉组成。

视觉刺激是消费者第一眼看到品牌的感觉、印象。一个具有冲击力的品牌形象能够给消费者留下深刻的记忆。

可口可乐品牌的视觉形象是红白相配，飘逸的弧线、一致的字体和商标，给人一种快乐的印象。很多人一看到这种颜色搭配就会立马想到可口可乐品牌。

当你看到一个优美的“绿色美人鱼”时，你首先会想到什么？相信很多人会第一时间想到星巴克。星巴克这个极具辨识度的品牌标志已经深深烙在消费者心中。

品牌视觉多表现在品牌的标志、包装上。一个品牌具有明显的外部识别系统，能够给消费者留下深刻的印象，诱使消费者进行二次购买。

听觉刺激是通过音乐、声音、语言等表达形式，让消费者在听到这种声音时能够联想到有关品牌的信息，促使他们进行购买。

虽然诺基亚已经淡出智能手机市场，但是它的那首熟悉的开机铃声一响，相信大部分的听众都会联想到诺基亚这个品牌。而且研究发现，能够从铃声判断出这是诺基亚手机的消费者中，有一半人对诺基亚手机仍保持好感。

在人的所有感官中，嗅觉是最敏感的，同时也是同记忆与情感联系最为密切的。企业根据自身定位、文化、受众群体，选定特定的气味作为品牌的识别内容，能够让品牌在消费者心中留下更久的印象。

在欧美，越来越多的酒店意识到嗅觉营销的重要性，纷纷斥巨资打造属于自己特有的香氛，以此让消费者记住自家品牌。洲际酒店花几亿美元在其全球旗下的酒店定制香氛，以此调动消费者的嗅觉器官，加深消费者对品牌的记忆。

触觉是皮肤在轻微机械刺激下使皮肤浅层感受器兴奋而引发的感觉，

是一种直接联系到消费者的重要方式。

一些品牌服装店十分善于进行触觉营销，售货员总是劝消费者摸衣服的面料，让他们去试穿衣服。当消费者试穿完毕之后，再说这件衣服是什么面料，它和其他面料有什么不同之处。在一番解说、推销之后，消费者往往就会被售货员的言语打动，继而购买品牌的产品。

味觉刺激多用于食品行业，特别是在一些食品的终端销售上。很多食品都在终端销售上提供免费试吃，利用试吃给消费者带来味觉上的刺激，从而进行销售。

品牌在视觉、听觉、嗅觉、触觉和味觉层面和体验联系在一起，能够让消费者对品牌印象更深。品牌体验全面调动消费者的感官刺激，不是要求品牌在这五个方面同时发力，而是找到品牌最关键的感官刺激点，用这个关键点去带动其他感官神经，从而形成自家独特的感官点。这样当消费者的感官接触点和品牌关键点相碰时，自然能够引爆消费者的记忆系统，"迫使"他进行二次购买。

影响消费者的情绪和情感

消费者的购买决定不仅与产品的参数、功能、价格等一些硬件因素有关，还和他对产品的体验、感觉有着密切的关系。据调查研究显示，消费者的购买决定和他对品牌体验的好感成正比。因此要想让目标消费者持续认可品牌，对品牌保持较高的美誉度和忠诚度，品牌必须最大限度地增加与消费者的接触点，用这些"点"去打动消费者的情绪和情感，促使他快速下购买决定。

品牌可以通过以下三个方法来调动消费者的感性细胞。

1. 打破常规策略方法，建立与消费者的情感纽带

品牌体验不仅可以通过媒介去宣传品牌或者让消费者去线下实体店接触品牌，还可以开展各类活动，让品牌真正走进消费者的生活中去，和消费者的生活充分发生“化学反应”，以此建立消费者的情感纽带。纽带一旦稳固，说明品牌和消费者的生活更紧密。

千金妇科调经片的品牌体验紧紧围绕着“专业调经”这个中心，将品牌理念传递到消费者心中。它打破过去在电视、广播、杂志进行说教式的宣传方式，而是通过开展千金妇科健康大讲堂的体验活动，直接与消费者“面对面”交流。这种品牌体验方式让品牌超越产品层面，和消费者进行情感沟通，让消费者看到了品牌对自己的关爱，因此纷纷掏出钱包，支持品牌活动。

目标消费者参与到品牌体验活动中去，和品牌之间的接触点更多，会激发消费者对品牌的好感。当消费者有相关需求时，他就会第一时间想到品牌，品牌自然有了更大的发展机会。

2. 找出最佳的品牌接触点

品牌体验想要最大限度地打动消费者的感性细胞，不是动用全部的接触点，而是要找到自身的最佳接触点。通过品牌最佳接触点给予消费者最大的情感刺激，以促使他快速完成购买行为。

创建于1943年的瑞典品牌宜家将品牌触感体验做到了极致，这也让它获得了大量消费者的青睐。宜家在影响消费者情感上，不是从全面的感官刺激出发，而是充分挖掘品牌最佳接触点——触觉，鼓励消费者进行全身心的体验活动。消费者可以拉开抽屉、坐在沙发上、睡在床上去体验所需产品。当消费者的触觉神经被打开后，他的购买欲望也会被进一步激发。

3. 围绕品牌360度品牌体验

脑白金的广告形式虽然被人诟病，但是它这种围绕品牌进行360度品牌体验的形式，的确达到了影响消费者的情绪和情感的目的，让其有源源不断的消费者。

脑白金的品牌体验有两种方式：终端圈体验和生活圈体验。

终端圈体验就是围绕着消费者最容易接触到品牌的大卖场、专卖店进行生动化展现品牌。比如通过醒目的包装和陈列，取得最佳的展示位，以此获得消费者的注意，促使消费者购买产品。脑白金通常占有超市的拥有更大客流量的最佳广告位，有时会在终端圈的大卖场中设置专门的工作人员，向购买者解释产品的功能，以此让消费者和品牌进行更全面的接触。

生活圈体验就是围绕消费者日常生活中能够接触的地方进行宣传。比如电视、广播、户外、杂志等。脑白金通过这些媒介进行品牌宣传，让消费者时刻被品牌体验包围，多渠道感知品牌信息，潜移默化中改变自己对品牌的印象。

品牌打破传统的品牌体验的策略，通过举行线上线下消费者与品牌接触的活动，让消费者和品牌有更多的接触点，和品牌的关系更为密切。另外通过寻找到品牌最佳接触点，围绕品牌进行360度品牌体验，更好地将品牌理念传递到消费者心中。

让消费者获得认识和解决问题的体验

品牌体验不仅包括感性的情感体验和感官体验，而且还包括理性的思维体验。思维体验是消费者通过自身智力，创造性地获得认识和解决问题的体验。这种体验更容易让品牌在消费者心中留下深刻的印象。

思维体验有两种：收敛思维体验和发散思维体验。

收敛思维体验又称“聚合思维体验”或者“集中思维体验”，是指消费者在解决问题时尽量将原有知识进行集中，最终找到解决问题的方法的体验过程。发散思维体验是指拓宽思路，运用惊奇、计谋或者诱惑的方式，去引导消费者进行联想的体验过程。很多品牌在宣传时，经常给消费者提供发散思维体验。

1998 年苹果公司生产出一款 iMac 电脑，公司并未延续之前的营销方案，而是用思维型品牌体验营销方案。当时营销的标语是“与众不同的思考”。营销人员将很多“创意人才”比如爱因斯坦、甘地以及拳王泰森的黑白照片配上“与众不同的思考”的广告语，投放到公交车上和户外媒体上。

广告播出之后，刺激着消费者思考苹果公司到底有什么不同，以及如果自己购买苹果这款产品能够给自己带来什么不同。通过调动消费者的思考神经，让苹果的品牌在消费者心中的印象更深刻，从而纷纷购买苹果的这款产品。最后这个营销方案使产品不到六个月时间就售卖了 27 万台，这在当时来讲是很多电脑售卖商梦寐以求的数字。

不仅国外有运用思维体验的品牌，国内也有很多，比如锤子科技坚果手机的品牌宣传战略。

2015 年 8 月 25 日，锤子科技 CEO（首席执行官）罗永浩在微博上发布了旗下坚果手机“漂亮的不像实力派”的宣传口号，并配以宣传海报。此微博一出，很多消费者在心里打了个问号：“这个手机难道真的有那么漂亮吗?”带着这个疑问，消费者去锤子科技的官网去了解坚果手机的硬件配置和外观，或者购买手机进行体验。当消费者带着的这些问题被解决后，老罗之前的宣传目的也达到了。

第二天，锤子科技在微博发起活动，邀请网友以“漂亮的不像实力派”为标题进行海报创作比赛。不仅有网友将自己喜欢的人物照片配上这句广告语和文案发布到网上，而且还有其他的广告主结合自家产品特点，配上文案发布到网上。一时间“漂亮的不像实力派”的海报霸占微博头条。锤子科技也因给予了消费者获得认识和解决问题的品牌体验，获得众多“锤粉”的支持。

品牌在宣传时故意设置讨论的话题，能够引发消费者进行积极思考，消费者也会跟随品牌去解决问题，这会使得消费者对品牌有更深的了解和认识，真正从心底去接受品牌。

消费者主动参与将会获得更深刻的感受

品牌体验最重要的一种方式就是行动式体验，即品牌邀请电影明星、偶像明星或者运动明星代言品牌，让品牌具有满足消费者精神需求的功能，以此来激发消费者，改变其生活形态，吸引消费者主动参与品牌体验，获得更深刻的感受。

耐克能成为全球最大的运动服装品牌和它的行动式体验有着密切的关系。耐克的广告语是“Just do it”，潜台词就是“放手去做吧，你将获得更多”，鼓励消费者立刻做，不要顾忌世俗的看法和观点。而且在耐克赞助的线下活动中，它也向消费者宣传一种“立即参与”的观念。

另外耐克还邀请迈克尔·乔丹充当广告片的主人公，乔丹腾空而起进行扣篮的形象深入人心。耐克品牌给消费者提供的就是一种体验，它想告诉消费者，如果你穿上耐克的鞋子或者衣服，你也能够像乔丹一样。

品牌通过向消费者传递主动参与能够获得更深刻的感受，进一步引诱消费者购买品牌产品。类似这样的例子还有很多，比如由叶茂中集团策划、李连杰代言的柒牌男装。

提起柒牌男装，很多人都会想到那句“男人就应该对自己狠一点”的广告语，这句广告语看似和男装没有多大的联系，但是它却让柒牌男装从一个默默无闻的地方性小企业成为中国男装领军品牌。企业的成功和当时的社会环境也有着密切的联系，当时工人下岗率居高不下，整个社会都处在一种焦虑的氛围中，很多人对生活不再抱有希望。

而当李连杰代言的柒牌男装这个广告出来之后，传达给消费者的是一种敢于面对困难的理念，它号召消费者去购买柒牌男装的衣服，以此去战胜现在的困难。凭借品牌体验的行动体验策略，柒牌男装的销售额节节攀升，品牌的价值迅速增长。

行动式体验是品牌策略中最为有效的方式之一，它能够讨得消费者的欢心，给予消费者一次难忘的体验，促使他们将心动转化为行动，销售得以提升。

另外消费者的主动参与能够让传播长久化、有效化。消费者主动参与品牌体验，能够直接、敏锐地感受到品牌的魅力，更容易形成对品牌的好感，然后将好感传递给其他消费者，一传十，十传百，最后形成口碑效应。在口碑效应的影响下，品牌的知名度也会进一步提升，这对于品牌来讲大有裨益。

使品牌与消费者结成某种关系

品牌体验的最终目的不是企业售卖多少产品，获得多大效益，而是要与消费者结成某种关系。一个长久亲密的关系，能够让企业获益颇丰。当品牌与消费者结成某种关系时，消费者一有相关需求的时候，他会第一时间想到品牌，从而购买品牌的产品。

可口可乐的总裁曾经说过："即使可口可乐在世界各地的厂房被大火烧掉，只要可口可乐的品牌还在，那么一夜之间破碎的厂房还会在废墟上面拔地而起。"为何总裁敢夸下海口？最主要的原因是可口可乐品牌已经和消费者结成亲密的关系。一旦消费者享受快乐的时光，总会想喝上一瓶可口可乐。这种稳固的关系使得品牌更具号召力，让消费者争先抢购品牌产品。

品牌要想通过品牌体验与消费者建立一种稳定的关系，最需要做的工作就是充分了解消费者。

品牌首先要从目标消费者的基础信息来了解他们，比如年龄、学历、职业、家庭、收入等宏观和微观因素，以此获得消费者数据信息，用数据为品牌制定战略。品牌得到消费者数据之后并不意味着品牌体验工作的完成，相反这只是刚刚迈出品牌体验的第一步。

品牌接下来要做的是深入了解消费者的自我因素，就是他们和其他品牌消费者所不相同的部分，换句话说就是要找到哪些因素是他们能够表现自我观念和认同的东西。品牌找到这些东西，能够让所做出的品牌体验活动更好地满足消费者的心智需求。

全球帆布鞋老大匡威在寻找消费者自我因素方面的能力堪称一

> 绝。匡威当时的竞争对手是运动品牌阿迪达斯和耐克两大巨头，它非但没有被这两大巨头蚕食掉，反而在运动服饰领域独树一帜。匡威能够存活的原因，就在于它找到了目标消费者自我观念和认同的部分——渴望自由，喜欢颠覆传统。当找到消费者的自我观念之后，匡威的品牌体验围绕“自由，敢想，敢做”的宣传点展开，俘获了众多消费者的心。

挖掘出消费者的自我观念之后，这时品牌要做的最复杂也是最重要的工作，就是将目标消费者当作一个个体，而非群体，去了解品牌是如何与消费者的自我观念和生活方式发生关系的。品牌将关系找到后，才能打造品牌和消费者之间的关系。最后品牌要观察消费者的价值观、信仰、行为、兴趣，让关系更为持久。

通过这一系列方法来研究消费者，找出消费者关于品牌最核心的需求，建造消费者与品牌的关系，能够让品牌体验投其所好，必然会获得消费者长期的喜爱。

> 在美国流行着这么一句话：“年轻的时候拥有一辆哈雷摩托车，年老的时候有辆凯迪拉克，此生足矣。”哈雷为何能够获得众多年轻人的支持？不是因为它的配件多么精良、造型多么炫酷，而是它成为一种代表自由、奔放、个性的物品。很多哈雷车主将哈雷的标志印到自己的胳膊上，使得自己和哈雷品牌融为一体。另外《纽约时报》曾经写道：“假如你拥有一辆哈雷摩托，你就是兄弟会的一员，如果没有，你就不是。”

哈雷品牌已经上升到一个心灵层次上面，不再是一个单纯的摩托车品牌，这也是它能从众多摩托车品牌中脱颖而出的关键性原因。

哈雷品牌成功的例子也给予我国众多品牌一些启示。就是品牌在进行品牌体验时，要尽可能地将品牌体验上升到精神层面，而非企业收益、产品上面，让品牌最终和消费者结成一种关系，形成一种归属。中国品牌要想发展壮大，必须要革除过去的品牌经营战略，将消费者研究透彻，找到消费者自我观念的部分，然后实行针对性策略，满足这一部分消费者的需求。

第四节　品牌价值观

个人没有价值观如同行尸走肉、蝼蚁一般，对于品牌而言也是如此，没有价值观的品牌毫无个性而言，定会在市场的竞争中沦为炮灰。品牌要想拥有价值观，首先要明白价值观的类别，其次选择最适合品牌并且能够被消费者认同的价值观，最后借助最新传播媒介去传播品牌价值观，让品牌价值观走进消费者心里。

品牌价值观的八大类别

品牌价值观又称品牌 DNA（基因），它是品牌在追求成功的过程中必须坚守、不容改变的信念和目标。品牌价值观是品牌文化的核心，它决定企业品牌存在的意义和未来的发展方向，同时它也会影响员工的工作态度、工作方法。美国著名企业管理学家劳伦斯·米勒在其著作《美国企业精神》一书中将品牌价值分为八大类别。

1. 目标价值观

目标价值观是指品牌在经营时必须树立崇高的目标。比如中国移动目标价值观是“创无限通信世界，做信息社会栋梁”。通常品牌树立好目标价值观之后，要将价值观传递给员工，让每个员工在心底默认这个价值观，遵从价值观，然后实现企业目标。

2. 共识价值观

共识价值观是指品牌在执行授权时，公司和员工要保持一个共同的远景和目标。共识价值观要求品牌管理者改变过去高高在上的指挥者角色，让员工参与品牌一些事务的决策，从而真正激发员工的主人翁意识，调动自我积极性。

3. 卓越价值观

卓越价值观是指一种追求卓越、勇攀高峰，并且坚持胜不骄、败不馁的精神。卓越价值观能够在精神层面上支持员工克服工作上遇到的难题，将问题快速解决掉。

4. 一体价值观

一体价值观要求管理者和员工“心往一处想，劲往一处使”，两者保持目标的一致性。两者不仅能够共享福，更应该共患难，共同面临品牌在推广过程、增值过程、维护过程中的难题，让品牌具有更高的价值。

5. 成效价值观

企业做任何事情都是讲求效益的，没有效益做支撑的企业的工作很难具有价值，同样对于员工的工作也是如此。成效价值观要求员工将工作和效益、付出和回报、成就和效益联系在一起。这样就会使得员工在效益和回报的激励下，不断释放自身最大价值，为品牌增彩。

6. 实证价值观

实证价值观是一种基本的管理技能，是利用一种科学的统计方法来衡量效益。它将数学观念应用到品牌决策中，能够判断出品牌有关决策是否能够将品牌带入一片蓝海中，为品牌找到一条更佳的发展之路。品牌的实证价值观能够让员工严格按照科学的分析方法，以此推动品牌决策的科学性。

7. 亲密价值观

一个具有可持续发展能力的品牌必定具有亲密和谐的品牌文化环境。在这个环境中，员工和品牌的管理者有着紧密的联系。品牌管理者支持员工的决策，员工能够在自由的环境表达自我，同时领导的决策也会得到更多员工的支持。

8. 正直价值观

品牌管理者拥有正直价值观能够更好地说服员工听从自己的领导，赢得下属的支持。

品牌拥有以上八大价值观，能够更好地调动员工的工作积极性，充分发挥他们的价值。同时也能让品牌在消费者心中留下具有竞争力的品牌印象，让品牌受到更多消费者的青睐。

打造目标消费者认同的品牌价值观

现在有很多企业认为只要产品广告投放量大、企业占领的市场份额广阔、资产雄厚，企业的“品牌价值”就会很高。这种想法是大错特错了，品牌价值的最高境界不是那些“漂亮数据”，而是消费者基于内心对品牌的认可，即让消费者产生共鸣的东西。

让消费者产生共鸣的品牌价值观，能够让企业获得更多的支持者和拥护者。一方面消费者认同价值观的品牌，便不再是冰冷的标示和宣传语，而是变成一个媒介深刻联系着消费者。消费者能够从品牌中找到自己价值观的因素，由此产生共鸣，自觉成为品牌的拥护者。

成立于日本的“无印良品”，意为无品牌标志的好产品，倡导自然、质朴、简约的生活方式。它的品牌主张和喜欢自由、简约生活方式的消费者不谋而合，受到众多消费者的支持和喜爱。企业的销售额也是节节攀升，从开始的38亿日元财政赤字增长到盈利1620亿日元。

另一方面消费者对于产生认同的品牌，会在感情上有一种更执着的追求，会经常浏览品牌的官网、收集品牌的相关信息。更重要的是他会将品牌推荐给他身边的亲人、朋友，形成良好的口碑效应，如此一来，品牌的知名度将会被进一步打开。

在移动互联时代，消费者变得越来越精明，传统广告“自卖自夸”的形式已经很难打动他们的心，但是他们更容易接受来自身边朋友和亲人推荐的产品。小米成立初期，几乎没有花费一分钱的广告投入。为何小米品牌的知名度能够被打开？这和当时小米的口碑营销有着莫大的关系。小米初期积攒的用户纷纷向自己的亲朋好友推荐小米品牌，一传十，十传百，小米品牌的知名度迅速提高。而今小米已经成为中国第一大手机品牌。

打造目标消费者认同的品牌价值观不仅能够让品牌获得源源不断的消费者的支持，更重要的是能够让品牌在消费者的推荐中获得更大的发展机会，这对于品牌的未来发展大有裨益。

品牌价值观要想被消费者认可，首先要从消费者的角度出发，站在消费者的立场，洞察出消费者的价值观、审美观、渴望和需求等；其次要洞察出消费发展趋势，因为随着消费者收入水平的增加、市场经济环境的变化，消费者的消费趋势有可能会发生变化。从消费者角度出发并依据最新的消费趋势，品牌能够发现消费者认可的品牌价值因素，然后针对价值因素来打动消费者。

1986年力士进入中国区市场，伴随着“我只用力士”的广告语，很快便称霸中国香皂市场。6 年之后，舒肤佳进入中国市场，硬是将力士从香皂老大的位置上给拉了下来。出现的这种情况让很多人不解，因为当时力士背后的联合利华公司的实力远远高于舒肤佳背后的宝洁公司，而且力士邀请众多知名影星为它宣传，知名度很高，并且力士产品的品质比舒肤佳要高。

研究人员经过研究发现，力士主打的“滋润、高贵”不及舒肤佳的“除菌”贴近消费者内心。当时舒肤佳进入中国市场，从消费者的角度出发，调查消费者对于香皂的需求到底是什么。他们发现消费者使用香皂时最关注的需求是香皂能不能除菌。找到了消费者的这个核心需求，舒肤佳即定位“除菌”功能，从而获得众多消费者的支持。

品牌从消费者角度出发，发现需求，以此确定品牌的价值主张，能够让自身品牌价值更容易被消费者认可，从而达到品牌价值的最高境界。

利用互联网引发对品牌价值观的讨论

2014 年茵曼品牌投资拍摄的微电影《爱，因慢而生》在网络上热播，引起较大的反响，相关微博阅读人数达 1473 万，讨论人数也接近 6 万。微电影《爱，因慢而生》不光传播范围较广，同时传播深度也是惊人的。观看视频者不仅被电影唯美文艺的画面感染，更被茵曼品牌的“慢文化”理念打动，一时间网民都在谈论茵曼的“慢文化”品牌价值观，审视自己的生活是否太匆匆，是否已经忘记了最初的信仰。

茵曼通过互联网用微电影的形式引发消费者对品牌价值观的讨论，摒除过去依靠传统媒介传播品牌的方法，成功将品牌价值观深植到大众心中，传播效果较为显著。现在有越来越多的品牌看到这种传播方式的好处，纷纷采用这种方式传播品牌价值。

1. 主动讨论品牌价值观更容易被消费者记住

过去品牌商认为只要在黄金时间段投放广告，就能将品牌价值观传递到消费者心中。这种想法显然是错误的，因为过去那种“叫卖式”“自嗨式”的品牌宣传模式最大的缺点，就是消费者没有参与进去，而是充当一种旁听者的角色。这样很容易出现左耳朵进右耳朵出的现象，如此一来，消费者怎么可能记住品牌价值观?

而互联网是一种双向传播的媒介，它不光能够将内容散播出去，更能让消费者参与其中。品牌通过互联网媒介进行宣传，能够引发消费者对品牌价值观的讨论，对品牌有更深的印象，消费者也就更容易记住品牌价值观。

2. 互联网传播范围广、影响力大，极易形成口碑效应

2015 年 7 月 23 日，中国互联网信息中心在北京发布的第 36 次《中国互联网网络发展状况统计报告》中指出，中国网民的规模已经达到 6.68 亿，互联网的普及率达到 48%。品牌利用互联网引发受众对品牌价值观的讨论，传播的范围将不会随电视的传播范围而定，而是面临全球的视野范围，品牌价值观的传播范围也会被进一步打开。

另外更重要的是，网民在互联网讨论品牌价值观极易引发口碑效应。当品牌的价值观被一个观看者认同时，他不会将对品牌的认识埋藏在心底，而是会传递给身边的朋友和亲人。当朋友接受了他传播的观点之后，也会如此，届时传播主体的增加，使品牌有更多的移动的“广告牌”来宣传品牌价值观，品牌价值观的传播范围也会进一步扩大。

3. 顺应消费者心智的传播渠道，容易收获更好的传播效果

定位理论之父艾里斯曾经说过：“顺应消费者心智的传播渠道，才能收获更好的传播效果。”这句话对于品牌价值观的传播具有很好的借鉴意义。当今消费者接触品牌的机会已经从线下、大众媒介上转移到线上，甚至可以说消费者更喜欢通过线上来接触品牌。因此品牌通过互联网来引发消费者对品牌价值观的讨论的方式，顺应了消费者接收信息的心智，消费者也更容易认同品牌价值观。

品牌在传统媒介之外运用互联网进行品牌价值观的讨论，更容易将所要传达的品牌价值观传递出去，被消费者记住。但是在互联网进行传播时，要意识到多传播一些新鲜、优质的内容，只有用优质的内容点燃消费者讨论的激情，才能将品牌价值观深植于消费者心中。

以自身倡导的品牌价值观进行商业活动

品牌价值观作为一种精神主张，它不可能超然独立于世外。它来自品牌经营实践中，同时也指导着实践活动。不以品牌价值观进行的商业活动是值得品牌经营者深思的。品牌经营者在商业活动中要注意这个问题，防止出现“画虎不成反类犬”的情况。

可口可乐公司流传着这样一个故事。说当时有一家残疾人艺术团需要演出经费，团长找到所在区域可口可乐的销售人员，请求可口可乐公司能够帮助艺术团。他说：“我们不需要你给予我们现金，你直接给我们一些饮料，我们把这些饮料卖掉获得钱就可以了。”销售人员认为帮助残疾人、关爱社会也是可口可乐公司一直坚持的事情，所以他将这个情况立即上报销售主管。很快，公司同意给艺术团赞助，但是并没有给可乐，而是直接给现金，并要求艺术团在演出时不用打上可口可乐的标示。

当时有很多销售人员不理解，为什么不给可乐而给现金，既然给了钱，又为什么不把品牌名字打上去？销售主管解释道：“残疾人艺术团给人的是一种弱势、可怜、悲惨的形象，而可口可乐则是一种快乐、自由、欢乐的品牌形象。如果用可口可乐作为赞助物，非但没有给品牌形象加分，反而会挫伤原来可口可乐的品牌形象。”

可口可乐的例子也给那些经常举行商业活动的品牌一个启示，就是在进行商业活动时要坚持品牌价值观先行，确保每一场商业活动能够体现品牌价值观，保证活动为品牌形象加分。

如何在商业活动中展现品牌价值，是品牌经营者经常遇到的难题，要想将难题化解掉，可以从以下三个方面着手。

1. 以品牌价值观为主导布局商业活动

品牌在进行商业活动时不光要考虑时间、地点、成本问题，还要考虑这个活动能否体现品牌价值观。如果活动不能体现品牌价值观或者收效甚微，这时就要果断放弃，以免出现“赔了夫人又折兵”的情况；如果活动能够体现品牌价值观或者和品牌自身倡导的价值观相符时，就要将品牌价值观放在活动金字塔的顶端，然后再布局各项工作，让所有的活动都是在品牌价值观的指导下进行，使品牌价值观渗透到商业活动的每个毛细血管中。

2. 品牌管理者要掌握商业活动的主动权

很多和品牌相符的商业活动，在开始之前也以品牌价值观为基础制订一系列的活动方案，但是到最后品牌价值观传播效果并不好。其中最重要的原因就在于品牌管理者没有“插手”商业活动，而是任由一些策划人员组织相关活动。虽然活动形式新颖、内容有趣，但是却和品牌价值观相悖，最后品牌价值观也未能落到消费者心中。在商业活动中，品牌管理者要担任活动中最重要的岗位，掌握活动的重心，及时纠正活动中不符合价值观的部分，让活动按照品牌价值观进行。

3. 细节决定成败

有时精心策划的商业活动，过程中每个部分也都是按照品牌价值观进行的，品牌管理者也掌握活动中最重要的部分，可是活动还是未能取得良好效果，到最后才发现是活动中的细节出现问题，导致之前做的工作前功尽弃。

定位奢华、尊贵的某洋酒品牌，在一场商业活动中，邀请众多一线明星为其站台，会场的包装也是尽显豪华之气。但是在活动之后，调查人员对参与者进行调研时发现，他们对这场活动并不满意，究其原因是参与者认为洋酒包装得太过普通、太过平凡，并未与其他品牌酒区隔开来。正是因为这个细节，品牌价值观未能成功挤入消费者心中。

只有以品牌价值观布局，品牌经营者掌握活动的主动权，活动中每个细节都被品牌价值观“浸泡”，把每一个细节做好，真正让参与者从活动中感受到品牌的价值观，才能使品牌在活动中取得最大收益。

第五节　品牌对话

品牌人格化是当今品牌最显著的特征，品牌不再作为一个标志而存在，而是作为一个活生生的人，它要和消费者进行对话，倾听消费者声音，作出回应，直到消费者满意；还要主动创造更多渠道，邀请消费者参与到品牌沟通中，通过对话拉近与消费者之间的距离，让消费者对品牌保持较高的满意度和忠诚度。

认真倾听消费者声音，并作出有意义的回应

1995 年福特公司开发了一款叫“科特勒”的轿车，让开发人员万万没想到的是它成为当年最畅销的汽车。福特工作人员在开发这一款车时，并没有像过去那样采取闭门造车的方法——工程师设计，工作人员组装，而是广泛调研客户需求，挖掘他们对汽车的要求到底是什么，还把一些顾客请到公司和工程师一起来设计汽车。最后这款车就像“科特勒”的营销书一样风靡全球。

福特品牌认真倾听消费者声音，并作出有意义回应的例子被众多品牌效仿。品牌倾听消费者的声音，对企业来讲大有裨益，它能够给品牌带来两大好处。

1. 缩短消费者与品牌之间的距离，实现品牌长期盈利

随着科学技术的发展，组织管理方式的革新，产品生产的效率大幅度提升，产能过剩时代俨然到来。消费者在选择某一款产品时，会跳出来众多品牌。然而令他们头疼的是，这些产品实质上并没有多大的差异，这时品牌再打“性价比牌”显然很难奏效。

品牌要想实现突围，只有通过打“感性”牌。“感性”牌的种类很多，但是倾听消费者声音是一种最直接有效的方法，它能够让消费者感受到品牌对他的重视，拉近品牌与他的距离，促使他尽快完成购买行为。企业也能因消费者购买，实现品牌长期盈利。

2. 找到新的机会点，做好新的馅饼

当今企业的核心生产力无疑是源源不断的创新，只有通过创新才能为企业找到一片更大的蓝海，而创新实现的主体就是人才。这里的人才当然不仅仅指企业的研发人员，还包括使用产品的消费者，因为消费者是产品

的直接使用者，对产品有更直接的体验，所以他所表达的内容更具实践性。

品牌和消费者进行沟通，不仅能够满足消费者和品牌沟通的需求，而且能够从沟通中获取一些有价值的信息，改进产品的工艺，以此让产品被更多人喜欢。

倾听完消费者的声音，品牌不立即作出回应，那么这个倾听的价值就为零，甚至会因不作为而受到消费者的批评。因此，品牌在倾听完消费者的声音之后，要立刻迅速作出回应。让消费者看到你的确考虑了他的想法，让他真正体会到做上帝的感觉，从而提升他对品牌的好感。另外，企业在进行回应时，一定要保证所做的回应是有效的，而不是一些空头支票。只有让消费者从你的回应中看到诚意，才是一个具有价值的回应。

提供多种问询和建议的渠道

很多消费者在和品牌沟通时经常会遇到无渠道或者渠道不畅的状况，这种情况极大地挫伤了消费者的积极性，使他们由品牌粉丝转为路人。消费者的流失对品牌的伤害是不言而喻的。要解决这个问题，品牌要尽可能提供多种问询和建议的渠道，充分满足消费者的话语权，提升他对品牌的好感。

1. 热线电话

“人手一机”的时代已经来临，手机已经成为现代人不可或缺的沟通工具。品牌设立热线电话不失为一个良策。消费者只需要在手机上拨打品牌热线电话就能将自己关于品牌的建议传递给品牌管理者，这种方式极为便利。

但是现在很多品牌的热线电话经常出现打不通或者占线的情况，这是品牌管理者应该注意的问题。另外，品牌管理者也要常对接线工作人员进行培训，提升他们和消费者沟通的能力，满足消费者的沟通需求。

2. 设置微博和微信公众号

碎片化的时代，使得消费者有越来越多的碎片化的时间，在碎片化时间刷微博、微信已经是很多消费者的生活习惯。企业顺应消费者心理，设置官方微博和微信公众号，能够得到众多消费者的喜爱。另外，设置微博和微信公众号沟通成本低，同时并不需要多人进行运营，这对品牌来讲无疑是个利好，能够降低品牌的沟通成本。

品牌在设置微博和微信公众号时首先要成立运营团队，给团队成员分工，进行职责划分。最好把不同建议的客户分门别类，让专门的工作人员进行服务，从而给咨询和提建议的客户提供更专业的服务。

3. 设置专门的讨论会

相比热线电话和设置微博、微信公众号，成立专门的讨论会能够更好地触摸消费者的心灵，满足消费者的建议需求。讨论会指的是将一些对品牌有看法的消费者邀请到企业某个地方，让他们畅所欲言，表达自己对品牌的观点和意见。这种面对面、消费者观点尽情抛出的讨论会能够让品牌得到更多有效的信息，从而改进品牌相关建设。

没有周期的讨论会显然不是消费者进行沟通的渠道，不能满足消费者问询和建议的需求。因此品牌管理者要做的是定好讨论会召开的周期，是一个月召开一次还是半个月召开一次。定好讨论会周期能够让讨论会成为企业必须要做的一份工作，这不仅会给消费者提供和品牌进行直接沟通的渠道，而且会让消费者看到品牌的诚心，体会到作为主人翁的感觉。

4. 优化官网沟通方式

现在很多品牌都设有自己的网站，但是令人心痛的是网站只是作为自身信息和产品的展板，很少有品牌在网站设置专门的客服人员来解答消费者的咨询。品牌在官网上搭建消费者服务体系，聘请专业的客服人员回答消费者的咨询和建议，能够为品牌加分。因为当消费者对品牌产品有疑问时，他会第一时间浏览企业的官网，查找相关的信息，如果这时官网的客服人员恰好解决了他的这个难题，无疑会解除他的燃眉之急，极易将他吸纳为企业的忠实粉丝。

品牌搭建好这四种沟通渠道，让它们成为消费者和品牌的纽带，促使双方形成一个稳定、亲密的关系。品牌管理者在推行这四种沟通渠道时一定要做好渠道背后工作人员的培训工作，只有将工作人员的服务能力提升起来，才能给消费者提供更佳的服务体验。

邀请消费者参与品牌沟通

伴随着消费者意识的崛起，多元媒体渠道的涌现，消费者的消费方式也发生了天翻地覆的变化。从过去“功能型”“品牌型”“体验式”消费演变成现在“参与式”消费。消费方式的演变也迫使品牌在开展一系列品牌沟通活动中不能以己为主，而应该积极邀请消费者参与其中，共同来完成品牌沟通活动。

为什么要邀请消费者参与品牌沟通？有以下三点原因。

1. 消费者成功取代品牌获得第一的地位

在过去“品牌为王”的时代，品牌可以按照自己的意图去设定品牌战略，满足消费者的需求，这种做法也为品牌带来了良好的收益。但是在营销2.0时代，产能过剩已经是不争的事实，消费者有了更多的选择，这使得消费者地位明显提高。品牌这时要想获得更大的发展机会，必须以消费者为重，将消费者牵引进品牌沟通中去。

2. 媒体不再是唯一的信息传播主体，消费者的传播作用明显加强

过去品牌在和消费者进行沟通时，往往通过大众媒体就能将品牌思想传递到消费者心中。而现在随着互联网技术的发展，消费者成为传播的节点，他可以将接收的信息传递给更多受众，极易形成口碑效应，将品牌传播到更远、更大的范围。

3. 消费者成为上帝已是不争的事实

过去品牌能够掌控传播所有的资源和品牌体验，主导着消费者的消费行为。但是现在随着消费者自我意识的崛起，不会任由品牌在沟通时唱独角戏，他会对品牌沟通有更高的要求。换句话说，消费者已经完全成为上帝。

品牌邀请消费者参与品牌沟通对品牌来讲有两大好处。

好处一：品牌在消费者心中留下更深的印象。

“中国白酒第一时尚品牌”江小白通过邀请消费者参与品牌沟通的方式，获得大量粉丝，产品也是销售到全国各地，取得不俗的销售成绩。举个例子来讲，2014 年，江小白营销团队在微博上邀请消费者共同撰写酒瓶包装文案，并指出文案撰写得好的参与者不仅能够获得江小白集团提供的白酒奖励，而且公司会将文案印到酒瓶上。此博一出，引爆网友参与的热情，网友们纷纷撰写文案，将文案发送给江小白营销集团。类似这样的邀请消费者参与的沟通活动数不胜数。

品牌在与消费者进行沟通时，主动邀请消费者参与其中，能够让消费者直接感受到品牌的理念。这和过去生硬的广告宣传模式相比，更容易使品牌给消费者留下深刻的印象，让品牌理念深植消费者心中。

好处二：品牌邀请消费者参与沟通能够拉近彼此之间的距离。

虽然现在很多品牌都知道“参与式”时代已经到来，但是并没有做好“参与感”营销。究其原因，是它们认为只要从消费者角度设计一些产品，满足消费者的需求即可。这种想法是片面的，“消费者参与”时代不光要求品牌设计出一些真正从消费者角度出发的产品，还要看到品牌对消费者的态度，这才是“消费者参与”的最终意义。品牌邀请消费者参与品牌沟通，能够让消费者看到品牌的诚意，拉近彼此之间的距离。

邀请消费者参与品牌沟通是品牌在接下来市场博弈中必须要做好的工作。品牌要想做好，先要在做之前制订好邀请消费者参与的方式，即通过何种最恰当的方式来邀请消费者参与，只有这样才能邀请更多的消费者主动参与到品牌沟通中来。

为消费者创造可以分享的信息、故事、视频

GOPRO 是一家生产高清摄像机的公司，品牌产品十分擅长录制滑板、冲浪等一些极限活动视频。2013 年，加利福尼亚州的一个小镇发生火灾，消防员救援一只小猫的过程被他头上的 GOPRO 拍摄了下来。当 GOPRO 公司得知这个消息后，立即联系消防员，将视频拿到公司，重新将视频进行编辑，使得整个画面更富深情，然后将视频上传到 YouTube（视频网站）上。视频上线短短一周时间不到，播放量就超 500 多万，观看者进行转发、分享给身边的朋友，一时间 GOPRO 品牌也被更多人得知。

GOPRO 公司通过重新编辑这个动人的故事并传播出去，让品牌的知名度随着故事传播而提高。更重要的是，这个故事充分展现了 GOPRO 摄像头在如此极端的环境下还能有效捕捉感人瞬间的高科技，让消费者为之震服。

品牌在和消费者进行对话时，创造一些信息、故事和视频能够更好地将品牌价值传递到消费者心中。

因为视频、故事不似生硬的广告，极具渲染力、号召力，更容易被消费者所接纳。在故事中添加品牌价值观，让消费者在听故事的过程中潜移默化地接受品牌价值。

创造能分享的故事能够扩大品牌的知名度。

当一个好的故事被消费者接受之后，他不会藏着掖着，而是会将这个故事分享出去，传递给他的朋友。当他的朋友接收后也会进行传播，就这样一传十，十传百，渐渐地口碑效应就会显现出来。这时品牌价值传播范围将进一步拓宽，知名度也会进一步提高。

如何创造一个消费者乐于分享的故事、视频和信息着实让每一个品牌管理者头痛不已，其实创造这类内容也不难，只需要坚持以下两点即可。

1. 创造的内容和品牌价值观相连

很多品牌也创造了具有创意的内容，受众观看之后纷纷转发、分享发表评论，传播的广度达到了。可是到后来调查传播价值时发现并不理想，这其中很大的原因就在于创造的内容并没有和品牌价值挂钩，受众并未从创造的内容中感受到品牌价值观。如此一来，传播活动对品牌来讲是无效的，价值为零。

品牌在创造内容时一定要坚持品牌价值观先行的策略，保证内容无论传递到任何地方，品牌价值都会到达，防止传播出现失控。

2. 创造的内容够新奇、有创意

GOPRO 品牌创造的故事为何会受到众多网友热捧，其中最大的原因就在于这个故事够新颖、感人，网友发现它和其他品牌的故事不同，刷新了自己的“三观”，所以它成功了。这也告诉品牌在创造内容时，要保证内容的差异性、新颖性，让消费者能够从中发现亮点，出于本能进行转发，让品牌的传播效果进一步扩张。

品牌在为消费者创造可供分享的信息、故事和视频时，只要坚持这两点原则便能够创造出消费者喜欢并且会主动转发的内容。另外，品牌在创造内容时也可以借助当下社会流行的热点事件，从而最大限度地抓住受众的心。

第三章

品牌推广：信任是最核心的问题

第一节 信任是网络品牌推广的根本

品牌网络推广是指利用互联网对企业的产品和服务进行一定的宣传，从而塑造品牌形象。理想固然饱满，但是现实却很骨感，由于互联网虚拟性的特征，让很多消费者对品牌网络推广一直持有怀疑态度，导致品牌网络推广一直裹步不前。品牌要想通过网络推广塑造自身形象，首先需要打消消费者的怀疑心理，让消费者信任品牌的网络推广。

互联网的虚拟性易给消费者带来不信任感

虚拟性是互联网最大的特点，它对人类的科技、经济和社会的发展起着巨大的推动作用，同时也对人的思维和认识方式有着重要的影响。但是互联网的虚拟化特征也容易给消费者带来不信任感，使得他们对品牌的推广一直持怀疑的态度。消费者态度不改变将让品牌推广之路走得异常艰难。

互联网的虚拟性让消费者产生不信任感的主要原因有以下两个。

1. 消费者心智习惯尚未改变

几千年以来，消费者已经习惯“面对面”的购物方式，即亲眼看到商品，触摸到商品，感受商品的材质之后，然后经过思考，完成购买行为。而现在品牌通过互联网进行宣传，虽然能够将品牌的信息传递出去，但是互联网的虚拟性也使得品牌宣传给消费者一种不真实的感觉。因为消费者无法亲眼看到品牌，所以他对品牌推广自然产生疑问。另外，再加上众多不良的品牌依靠互联网进行虚假宣传已经让整个品牌推广市场变得混乱，所以消费者很难对在网上推广的品牌保持较高的信任度。

2. 线上的售后保障体系仍然不能让消费者满意

很多时候我们发现同款商品线下价格远远高于线上，消费者仍然会“爽快”掏出现金在线下购买。为什么会产生这种情况？其中最重要的原因就在于线下和线上相比它的售后保障体系更为完善。一旦消费者购买的商品出现问题，能够找到线下的售后服务店进行维修或退换。但是如果在网上进行购买，他就会面临不知道如何进行维权的困境。即使网上可以保障消费者利益，他也会面临物流的难题。

消费者选择线下购物方式而不选择线上，也能映射出对网络品牌推广的态度。即他们对线上推广的品牌背后的内容存在质疑。担心如果购买线上推广品牌的产品之后，万一产品质量出现问题，可能会很难找到品牌的直接负责人，那么到时消费者只能眼睁睁地看着自己的利益受损。

不可否认，互联网的虚拟性给消费者带来更大的不信任感，而且这种不信任感短时间内很难消除。如果这时品牌要进行网络的推广活动，就尽可能淡化互联网的虚拟性这个特性，让消费者尽可能看到互联网的真实性的部分，让消费者真正看到、体验到品牌，让品牌活生生出现在消费者眼前，这样他就会对品牌更信任。品牌也能充分利用互联网的传播范围大、速度快的优点，从而被更多的消费者熟知，品牌的知名度也会被进一步打开。

另外，品牌不仅要改善网络虚拟性的特性，更应该联合更多品牌，通过举行各种活动，改变消费者对品牌在网上宣传的态度。当互联网的虚拟性被弱化，消费者不再对互联网宣传品牌保持较大的抵触心理时，品牌网上推广就会变得顺风顺水。

成为消费者的“小伙伴”，消除陌生感

品牌是一个以消费者为中心的概念，所有的行动都要围绕着消费者进行，没有消费者的品牌不能称为品牌。但是很多时候，品牌在和消费者相处时，并没有和消费者结成最合适的关系，不恰当的关系常常会伤害到双方。消费者和品牌理想的关系就是朋友关系，成为彼此的“小伙伴”。

如何成为消费者的“小伙伴”？这就需要品牌通过媒介渠道与消费者进行互动，而互动最重要的原则就是重复。重复不代表将同样的画面、广告语进行多次重复，而是要重复一种精神，一种让消费者认同，同时又能紧跟时代潮流的思想。

马丁·林斯壮曾经说过：“我们的大脑有85%的时间处于自动驾驶的状态，多数人不喜欢主动思考，脑部会自动根据你多年积累下的‘模式’作出反应。”比如我们早晨起来之后，刷牙、洗脸，然后吃早餐，或者到中秋节吃月饼、过年吃饺子等，这些都是多年养成的习惯为我们做出的决定。

这些习惯的产生和多次重复有着密切的关系。

1. 重复刺激大脑

想必大家都看过脑白金的广告，是一个老爷爷和老奶奶在背景音乐下欢快跳起舞来的画面。这则广告被消费者、广告人、营销专家嗤之以鼻，但是仍不能阻止脑白金成为市场同类产品中的第一名。

脑白金的成功和它重复的广告策略有着密切的关系。每到过年过节脑白金都会进行重复密集式广告宣传战略，在中央电视台轮番播出，不断刺激消费者的大脑神经，让消费者对品牌的短期记忆变成长期记忆，当消费者一想到“送礼”，第一跳进脑海中的品牌就是脑白金。

2. 不断重复形成条件反射

以前日本有家饼干企业在电视上做广告，广告创意、广告语都平淡无奇，就是“8 点钟，吃饼干”。一开始消费者也不买账，但是当企业进行多次重复之后，消费者到 8 点钟，就会情不自禁拿起饼干吃起来。

消费者为什么会主动拿起饼干？就是因为他接受了足够多的刺激，这些刺激让消费者形成足够多的关联，形成稳定的条件发射，这样一提到“8 点钟，吃饼干”，就会想到这个品牌。

苹果公司将重复策略做得出神入化，“i”字母有“我”的意思，但是现实中，很多人看到之后会想到苹果品牌，都在想是不是苹果又推出了新的产品。

3. 重复让陌生变得熟悉，让熟悉变得陌生

品牌进行多次重复能够让消费者对品牌的认知从陌生变得熟悉，从熟悉变得陌生。从陌生到熟悉很好理解，就是不断进行重复占据消费者心智资源，让消费者产生长期记忆。而从熟悉变得陌生，就需要品牌在进行宣传时进行微创新。不断变换广告的宣传方式、宣传媒介，以此带给消费者更多的新鲜感。但是品牌在宣传时进行微创新的时候，切不可肆意更改品牌的核心内涵价值，防止造成消费者对品牌价值混淆情况的发生。与此同时应该确保每次微创新都是从品牌核心价值出发，品牌所有的推广也是为了强化核心品牌价值。

品牌在推广中坚持重复原则，对品牌价值观进行多次强化，能够让消费者对品牌有较高的熟悉度，成为消费者的小伙伴，让品牌价值观直击消费者心底。

重点宣传对客户真正有帮助的内容

很多品牌管理者认为在网上宣传品牌时应该尽可能多的宣传产品的优

点，把品牌打造成“全能王”，这样就能获得消费者青睐。其实这种做法是错误的，因为无数营销学家告诉我们，消费者的注意力是有限的，他不可能关注到品牌所有的宣传信息，而是只会关注他想关注的，对他生活有帮助、产生影响的内容。品牌在推广时应该深谙此道，找到消费者关注的核心利益点，然后集中火力重点宣传，以求取得品牌最佳宣传效果。

1. 洞悉消费者品牌需求

消费者选择品牌，必然是因为品牌的主张唤起了他的购买欲望或者满足了他的某种需求，否则他也不会去购买品牌的产品。比如，消费者为什么买路易威登、阿玛尼、香奈儿的品牌产品，就是因为这些品牌满足了他们展示自身价值的需求；小米为什么会成为国人争相购买的手机，究其原因，是小米极高的性价比打动了消费者。因此品牌在进行重点宣传时第一步要做的就是洞悉消费者的需求，知道他选择品牌到底是想获得什么，是追求性价比还是追求奢华。了解了消费者的购买动机之后，才能避免出现重点宣传错位的状况。

2. 提炼品牌核心价值主张

通过各种方法调查出消费者的核心主张之后，下面要做的工作就是提炼品牌自身的核心价值，找到品牌最具竞争力的因素，这个因素能够帮助品牌从竞争对手中实现突围。如何提炼？可以从理性角度出发，如功能。也可以从感性角度出发，随着消费者消费意识的崛起，生产效率的提高，消费者不再满足于功能性的诉求，而是更喜欢一些感性的主张，所以品牌要尽可能从情感角度进行提炼。

在提炼核心价值主张时，最重要的是保证提炼的内容和消费者的品牌需求相吻合，从而保证品牌在网络推广时的核心点真正打动消费者的心。

3. 媒介集中宣传

洞悉消费者选择品牌需求、提炼出品牌的价值主张之后，品牌接下来要做的就是进行品牌宣传。品牌经营者往往认为在一些影响力广、覆盖范围大的网络渠道投放广告进行宣传即可，然而这种“闭着眼打鸟”的做法显然不能保证品牌宣传发挥最大的价值。

另外，本来就不多的广告费用分散到众多网站上，很难形成一个强有力的火力点来攻击消费者内心。因此品牌在网络宣传时也应该重点选择网络宣传渠道，集中这一渠道进行总攻，再结合品牌独有的核心价值主张，从而将消费者真正需要的内容传递给他们。

品牌通过以上三点，能够找到消费者喜欢、对他有帮助的内容，同时提炼出品牌的核心价值主张，然后通过极具宣传力的网络媒介，保证所宣传的内容被消费者快速接受，从而完成品牌在网络上的推广工作。

选择公信力较高的网络媒介

随着网络媒介传播范围广、速度快、成本低的优点日益凸显，越来越多的品牌借助网络媒介来进行品牌推广。品牌管理者在进行网络品牌推广时不可无气节，而要“择良木而栖”，选择一些在消费者心目中有较高公信力的并且符合品牌自身发展的网络媒介进行推广。

1. 消费者更相信公信力高的网络媒介所推送的内容

公信力是一种无形资产，是媒介长时间发展中所积累下来的，它是判断媒介是否具有权威性的重要标准。具有较高公信力的网络媒介，在消费者的心中拥有较高的地位，消费者更相信它。品牌在公信力高的媒介进行宣传，能够借助媒介公信力高的力量，获得消费者信赖。消费者通常认为，在有较高公信力的网络媒介做广告的品牌，必然具有一定的实力。它不会也不可能来欺骗消费者，更不会出现“拍屁股走人”的现象。消费者的这种意识，也使得品牌推广之路顺风顺水。

如果品牌在一些公信度低的媒介上进行宣传，消费者就会将对媒介的态度转移到品牌身上，认为在经常骗人、不诚信的网络媒介上做广告的品牌必然是坑蒙拐骗的品牌。如此一来，品牌非但没有因网络推广获得发展，反而蒙上一层阴影。

2. 品牌在公信力高的网站做宣传传播的范围更广

公信力高的网络媒介往往能够吸引较多的用户驻足，用户的流量也会居高不下。品牌在公信力高的媒介进行品牌推广，面对的是更大的用户群体，范围更广。品牌的知名度也会随大量的受众传递到更大、更远的范围。像新浪、搜狐、网易这样公信力高的网络媒介，它们的用户数量非常庞大，甚至超过传统媒介。

如果品牌在一些公信力低的网站进行宣传，可能会遇到受众数量少的情况。这样即使品牌进行不间断的轮番宣传，可是真正能够达到消费者心中的品牌信息是有限的。这样一算，即使品牌的宣传推广次数再多，品牌宣传推广的价值仍然为零。

另外，在用户多的公信力网络媒介上，品牌很容易做口碑营销。品牌通过制造一些病毒式的营销短片或者文案，吸引用户去阅读、讨论，能够产生较大的反应。当越来越多的用户加入讨论之后，口碑效应也会越加明显，品牌信息从而被消费者熟知。

品牌选择公信力高的网络媒介不仅仅因为以上这两个原因，更重要的是公信力低的网络媒介已经被众多消费者丢弃。现在的消费者不再注意公信力低的媒介所传播的内容，品牌选择公信力高的媒介进行推广是不得已的选择。

衡量网络媒介是否具有公信力有两个标准：一个是可信度，另一个是专业度。

可信度更多的是建立在个人主观基础之上，但是也包括一些客观的衡量标准，比如一些公认的可靠信息、标准。可信度是衡量一个网络媒介是否具有公信力的基础，一个没有大众可信度的媒介，又何谈公信力？

专业度同样也是来自个人的主观层面，但是它更多的来源于一些专业的凭证、技术和质量。专业度高的网络媒介和普通网络媒介相比，它的受众清晰、目标性强。比如说“中关村在线”就是一个具有专业度的网络媒介，受众十分清晰——需要购买电子产品的普通用户或者发烧友。“聚美优品”则是一个具有较高专业度的美妆商城，受众就是那些喜欢美的年轻女孩。

品牌在通过网络媒介进行推广时，首先要选择具有可信度的网络媒介，这样消费者更容易接受你的品牌，信任你的品牌；其次要尽可能选择一些具有较高专业性的网络媒介，这样就能保证你所进行的品牌推广活动更快到达目标消费者心中去，从而降低品牌推广的运营成本。

多种营销工具组合推广

品牌在进行推广时不可避免地要用到各种营销工具。俗语讲：“工欲善其事，必先利其器。”品牌要想利用好这些营销工具，发挥其最大价值，首先要了解有哪些营销工具？它们有什么样的特征？品牌如何有效利用？

1. 品牌官网

品牌官网是营销工具中最基础也是最重要的一个。一个完备的品牌官网不仅能够解决消费者对品牌的疑问，而且能够满足消费者购买商品的需求。比如魅族的官网不仅能够让消费者了解品牌信息，还能让他们完成购买行为。

很多品牌不重视官网的建设，官网的浏览体验十分糟糕，或者消费者根本不能从官网获取想得到的信息。一旦发生这种情况，品牌在消费者心中也会大打折扣，更别谈将品牌理念传到消费者心中了。

功能完善的品牌官网可以在官网上发布 TVC 宣传片或者展示品牌故

事，将品牌的内涵演绎出来。这样当消费者浏览品牌官网时，也能吸收到品牌信息。

2. 搜索引擎

信息2.0时代，消费者不再被动接收信息，相反会变得更加主动，主动去搜索他想要的信息。搜索引擎就是品牌依照消费者习惯衍生出的营销方法，它分为目录式搜索引擎、机器人搜索引擎和元搜索引擎三部分。

品牌使用搜索引擎方法能够达成较高的转换率，因为消费者在使用搜索引擎时，品牌出现在搜索页面上，极大地增加了品牌的曝光度，提升购买可能性。但是目前想在搜索网站占据较好的广告位，需要花费大量的资金。

3. 电子邮件

电子邮件不仅成为个人交流的工具，而且在品牌的网络营销中发挥着越来越大的作用。品牌通过电子邮件能够将品牌信息有针对性地传递给消费者。更重要的是，电子邮件更容易让消费者进行深层次的阅读，品牌的价值被消费者记住的可能性更大。但是品牌在将电子邮件作为营销工具时，不可犯以下几个错误：滥发邮件；主题不明；邮件内容复杂；邮件内容采用附件的形式；不及时回复邮件。

4. 微博

近几年，随着微博使用人数的逐渐增多，微博的营销能力逐渐增强，很多品牌也都在用微博进行推广来传递品牌价值。品牌使用微博进行营销的最大好处就是成本低，不像在传统营销时要花大量的资金购买媒介资源。这对于新成立的品牌来讲无疑是一个福音——不用将大量的资金投入品牌宣传中。

但是微博营销对粉丝数量有一定的要求，如果没有较多的粉丝作为支撑，品牌建立的官方微博的价值就很难体现出来。另外微博的字数有限，也使得品牌传递内容受限，不能很好地表达出品牌的内容。还有微博营销对创意要求较高，没有创意的微博很难引起消费者阅读的兴趣。

5. 网站链接

网站链接就是通过一些已经在市场取得一定份额的网站进行连带营销，也就是我们常说的引流模式。比如现在京东就是依靠腾讯庞大的用户数量来为资金引流。这是一种“站在巨人肩膀上”的营销方式，它能够帮助一些刚成立的品牌扩大知名度，同时又能充分发挥原有优势网站的价值，实现双赢。但是这种营销工具要谨慎使用，因为一旦使用过度，很有可能引起消费者的反感。

6. 即时通信

即时通信营销叫 IM 营销，是通过 IM 来帮助企业推广产品和品牌的一种手段。通常有两种情况：一种是网络在线交流，即品牌通过网站和消费者进行沟通，宣传品牌的信息；另一种就是通过 IM 通信工具发布一些广告，比如产品的信息，或者发布一些有品牌标示的图片等。

随着移动技术的不断发展，品牌会拥有更多的营销工具。这时品牌要做的是明晰各种工具的属性和优缺点，然后用之。具体到如何用，不是只用一种营销工具，而是要将多种营销工具进行组合，发挥最大的推广效果。

第二节 第一阶段：建立品牌知名度

“人怕出名猪怕壮”这句俗语在过去可能适用，但是在今天这个年代，任何人都是削尖脑袋想成名，因为出名的“猪”显然比没出名的“猪”的价格更贵。对于品牌而言也是如此，具有较高知名度的品牌也能在竞争中获得优势地位。因此品牌在进行推广时，第一步就是要打造品牌的知名度，让更多的消费者知晓品牌。

推广内容：品牌的基本内涵

新创品牌在成立初期都面临着知名度不高的困境，这时品牌要做的第一个工作就是进行品牌推广。但是又会面临两大问题：一个是缺乏品牌推广的资金；另一个是品牌根本不知道在推广中做什么工作。推广资金能够在品牌管理者的努力下解决；而另一个就需要品牌管理者对品牌进行深度挖掘，找到品牌的基本内涵，在品牌推广时用品牌的基本内涵作为推广内容即可。

关于品牌内涵有多种说法，《兰登书屋英语词典》里的解释是：指一个词、一个名称或一个符号、理念等，但是要保证的是，这些内容能够和同类产品区别开来，让消费者对其有较高的注意度。它们通常十分明显地展示在商品和广告上。

品牌的内涵有名称、符号、广告语、理念等，这些内容都可以作为品牌推广的内容，但是很少有品牌能够做到面面俱到。因此品牌在推广时要选择品牌最基本的内涵，这个内涵既要满足消费者需求，又是品牌核心利益点的内容。比如海飞丝的“去屑”基本内涵，它是品牌的核心点同时又是消费者所需求的内容；沃尔沃的“安全”基本内涵，既体现品牌价值主张，又满足消费者对安全汽车的需求。

品牌在推广时选择品牌的基本内涵作为推广点，能够给品牌推广之路指明一个方向，避免品牌推广误入歧途。

很多品牌在提升知名度阶段进行品牌推广的时候，往往将品牌标志或者广告语作为推广重点，这种做法的确能够帮助品牌在消费者心中留下较深的印象，但是不宜让消费者形成品牌联想。比如金龙鱼的 1：1：1 调和油，它的知名度是提升了，消费者对它也有较深的印象，但是消费者根本不能从中感受到品牌给他带来的好处。如果品牌在推广时出现这种情况，对于品牌来讲是致命的。

品牌在推广时将品牌的基本内涵作为推广的基本点和推广内容，能够把握住推广的方向，让所有品牌活动都在内涵的主导下进行，这样就不会造成“跑题”情况的出现，品牌的传播也不会迈入歧途。

品牌基本内涵直击消费者痛点，更容易撬开消费者心扉。

优质品牌和其他竞争对手相比，一定有个不同的基本内涵，这个内涵是能够帮助它实现突围的工具。比如格力的“掌握核心科技”，海尔的“真诚到永远”。格力用核心科技作为品牌的基本内涵，这个内涵赋予它科技的形象，也能够让消费者对格力的产品抱有较大的信心，认为它具有其他竞争对手所不具备的功能。而海尔的“真诚到永远”则从服务角度出发，展示给消费者一个服务能力佳的品牌形象。

品牌将基本内涵作为推广内容，能够直接、有效地亮出品牌最大的特色，一针见血地指出消费者的痛点，促使消费者购买品牌产品。

品牌要想将品牌内涵真正被消费者记住，就需要在内涵的挖掘上多下功夫，找到一个满足消费者需求、贴合品牌的内涵，然后通过传统媒体和新媒体进行全方位的宣传，让品牌占据消费者的心智资源。

推广策略：强势打造，强制灌输

多位企业战略专家表示：“即使品牌的创意再好，如果没有强有力的推广策略作为支撑，很难将其打造成强势品牌。”这句话也表明品牌要想成为强势品牌，在推广时要坚持强势打造、强制灌输的原则。

2012 年，伴随着《中国好声音》的热播，加多宝品牌走进大众消费者的视野中。但是在此之前，很多消费者不知道有加多宝这个品牌，更不知道王老吉和加多宝“分手”的故事。不管过去加多宝情况如何，现在越来越多的消费者选择购买加多宝凉茶已是不争的事实。

加多宝品牌的成功和它强势的推广策略有着密不可分的关系。2012 年冠名第一季《中国好声音》就花了 6000 万元，随后又持续冠名第二季、第三季、第四季，每一季的冠名费也超过亿元，这对于那些“胆小”的品牌显然是不敢想的，更是不可能做到的事情，但是加多宝做了，然后也成功了。

加多宝品牌的崛起之路也印证了品牌要想快速提高知名度、扩大影响力，必须要用强势的推广策略去打动消费者的心。具体该如何进行？品牌可以采用以下两个方法。

1. 为品牌推广提供雄厚的资金支持

“金钱社会”最大的特点就是处处都需要用钱，离不开钱。品牌的推广也是如此，任何一个环节都需要资金扶持，一旦没有资金作为支撑，品牌的推广就会陷入困境。因此企业在进行品牌推广时，要尽可能地给品牌提供较多的资金，铺平品牌推广之路。

加多宝当时冠名第一季《中国好声音》就花了 6000 万元，如果企业不肯拿出这么多的资金，就会失去这次冠名机会，更别谈成为中国凉茶的领导者了。另外，企业为品牌推广不是只提供一次性的资金支持，而是持续、源源不断的资金补充，因为走过 2/3 的推广之路和没走推广之路区别很小。所以企业要在进行品牌推广之前，对推广的资金进行合理配置，留出给品牌进行推广的资金，防止品牌在推广时出现资金链的断裂。

2. 多次宣传，让品牌住在消费者脑海中

为什么加多宝品牌能够被消费者接受？不是因为凉茶的口感多佳或者

说包装多漂亮，而是广告无时无刻不贯穿在节目中，只要消费者看《中国好声音》，就不得不看到加多宝的标志、口号。这些都在刺激着消费者的视觉神经，渐渐地消费者会习惯加多宝的品牌宣传标志，并且变成一个长期记忆。最后会形成这样一种情况，消费者会将《中国好声音》和加多宝捆绑在一起，想到《中国好声音》时，第一时间会想到加多宝这个品牌。

品牌在推广时进行多次宣传，强制让消费者接受品牌信息，让消费者形成条件反射，能够真正将品牌留在消费者脑海中。

品牌在推广时有了雄厚资金的支持，就有了打造强势品牌的基础。另外再通过重复性推广活动，给消费者强制灌输品牌理念，让消费者对品牌有较深的印象，达到品牌推广的目的。

但是值得注意的是，品牌在进行强势推广时，一定要保证在具体的执行过程中"统一"，这里的统一是指在品牌基本内涵、品牌核心价值体系上的统一。如果品牌在推广时没有一个统一的宣传点，极易让消费者对品牌形象产生混淆，到时品牌在消费者的心中就会变得模糊不清，这和品牌推广的初衷背道而驰。

传统推广方法：墙体广告、电视广告、报刊广告

品牌敲定推广策略之后，下一步要践行策略，以传播媒介为载体进行品牌推广。在推广时可以选用被众多品牌钟爱的传统推广方法：墙体广告、电视广告和报刊广告。

1. 墙体广告

墙体广告是指利用公路两旁的墙面，用彩色的涂料绘制成各种宣传内容，或者在墙上悬挂一些已经制作好的广告图案。墙体广告具有以下三大优点。

（1）无法拒绝的媒体，品牌理念悄悄进入消费者脑海中。墙体广告是

一种天天可见的媒体，只要消费者经过它的身边都会不自觉地看上一眼，长此以往，品牌得到大量曝光。另外，当消费者每天都看品牌信息时，品牌信息也会潜移默化地进入消费者脑海中，这样当消费者有相关需求时，也会第一时间想到品牌。

（2）千人成本低，通达率高。相比电视广告和报刊广告，墙体广告的成本低、通达率高，它的千人成本为 5～10 元，而电视和报纸的千人成本为 50～120 元。品牌在前期推广时采用墙体广告既能达到宣传效果又能节省推广成本。

（3）更贴近销售终端。电视和报刊广告始终给人一种距离感，消费者很难直接感受到品牌的温度。而墙体广告就能解决这种问题，它是一种消费者经常能看到，能够近距离接触的广告形式，更容易到达消费者心中。

但是墙体广告也有以下缺点。

（1）表现形式单一。目前，墙体手绘创意在所有的墙体广告中占有很小的比重，很多墙体广告仍然存在视觉冲击力不强、形式单调的情况。

（2）缺乏统计监测。墙体广告面临的最大的问题就是缺乏统计监测，广告主无法知道投放墙体广告能够达到何种效果。

（3）缺乏科学的监管。广告主在做墙体广告时需要的墙壁数量动辄上百，多则上千，如此多的墙壁数量，广告主很难做到科学的管理，很容易出现在墙体上乱画的情况。

2. 电视广告

电视广告是一种由电视传播的广告形式，它兼有视听效果，是运用语言、声音、文字、形象、动作和表演综合传播信息的方式。

电视广告具有以下优点。

（1）覆盖面广、普及率高。虽然目前互联网媒介快速发展，但是消费者了解信息的渠道仍然主要通过电视，对电视的依赖性较高，换句话说就是电视仍然有较大的覆盖面，受众较多，有较高普及率。品牌通过电视媒介进行推广，能够借助电视媒介的影响力将品牌传递到更大的范围，影响更多的消费者。

（2）视听兼备、极具感染力。电视广告与墙体广告和报刊广告相比，电视广告能够实现声音和画面同轨，视听兼备，感染力更强，更容易打动消费者的心。

（3）可信度高、贴近生活。电视已有百年历史，它已经建立了较高的公信力，消费者对它的信任也延伸到它所播出的内容。品牌在电视媒介做广告，会更容易打动消费者的心。另外电视已经成为消费者生活的一部分，每天都会花上至少一个小时的时间去观看电视。品牌在电视上做广告更贴近消费者的生活，更容易得到消费者的认可。

不过，事物总是有两面性的，电视媒介也不可避免地有以下缺点。

（1）制作价格高。现在电视的广告资源越来越稀缺、越来越贵，拿湖南卫视的《天天向上》来讲，它的冠名费由当初的 500 万元一路飙升到 1 亿多元，巨额的广告费让和它合作 8 年的特步集团望而却步，最后两者不得不分道扬镳。品牌选择电视媒介进行推广时，一定要做好“割肾”的心理准备。

（2）时间短，稍纵即逝。虽然电视的渲染能力强，表现力更丰富，但是品牌在进行广告宣传时，广告时间短，通常为 15 ~ 30 秒，稍纵即逝。一旦消费者与广告擦肩而过，很难在合适的时间再遇到。

（3）收视环境影响大，不容易把握传播效果。由于观看者所处的地理环境、学历、经济等方面的差异，广告主根本不知道消费者到底在想什么，所以他很难把握传播效果。

3. 报刊广告

报刊广告是指刊登在报纸上的广告，报纸作为一种印刷媒介，具有发行频率高、信息量大的特点。

报刊出现的时间较早，它的很多优点被消费者所熟知，比如受众面广、传播范围广、时效性强、阅读方便、便于保存等。品牌在报刊上进行广告宣传能够借助报刊的这些优点，将品牌传播得更远。但是它和电视广告相比，存在印刷不够精致、感染力不强的缺点。如果品牌想要通过报刊广告打动消费者的神经，就需要审慎用之。

品牌推广者了解了这三种传统推广方法的优缺点后，就要发掘品牌自身的特色，然后再选择是用表现力强的电视媒介，还是用适合进行多次阅读的报刊媒介，抑或是成本低的墙体媒介，真正找出适合品牌推广的媒介，让品牌传播到更远的地方。

网络推广方法：网站广告、搜索竞价、PPC、聊天工具、社交网络

随着互联网的蓬勃发展，越来越多的消费者习惯在网上浏览信息、接收信息。截至 2015 年 10 月底，中国网民超过 8 亿。互联网受众的增多也催促更多的品牌在网络上推广自己。常用的网络推广方法有以下五种。

1. 网站广告

网络广告指品牌在一些受众密集或者有特色的网站，以图片、文字、图画、视频或者用与网站内容相结合的方式来传递关于品牌的信息。网站广告的形式有网幅广告、按钮广告、弹出式广告、互动广告、通栏式广告。

网站广告的形式不是品牌在进行推广时考虑的重点，品牌要考虑的重点是选择哪一个网站。这就需要品牌分析自己的受众群体是谁，经常会浏览哪个网站，或者分析哪一个网站的客户会是自己的受众。将受众定好，

能够实现精准营销。

2. 搜索竞价

搜索竞价由全球最大商务公司雅虎创造，它能够保证产品从众多的品牌中脱颖而出，让潜在用户主动找到你，完成购买行为。

目前国内的搜索竞价有百度竞价、搜搜竞价、搜狗竞价、360 竞价。搜索竞价的广告形式有以下三大好处：第一，网站要求建设低，只要品牌有网站，都可以用较高的价格占据搜索首页；第二，效果迅捷，只要能给搜索公司提供一定的资金，就能一直排在搜索的第一页，这对于新创品牌来讲是个福音；第三，维护简单，只要品牌够“土豪”，就可以永远站在搜索的最前端，不用做过多的优化工作。

搜索竞价也有这样几个缺点：价格昂贵，有的关键词每天就需要上百元，一个月需要上万元，如果品牌长期做宣传，就需要付出大量的资金。稳定性差，一旦其他品牌出的价格比你高，你就要面临被挤下来的危险。恶意竞争，竞争排名的恶意点击非常多，品牌进行推广的广告费都是被一些竞争对手、竞价公司提升的。

品牌在通过搜索竞价进行网络推广时要选好关键字，当用户搜到这些词语时，品牌就会弹出来。圈定关键词之后，品牌再选择适合自己的搜索引擎投放品牌广告。

3. PPC

PPC 是英文 Pay Per Click 的缩写，是一种“按效果计费”的模式，这是目前网络推广最具竞争力的方法。这种方法虽然价格很高，但是效果较好。它的收费模式是“起价 + 点击数”，越是著名的搜索引擎，它的起价也就越高。

PPC 具有推广见效快的特点。只要品牌开通竞价账号，设定好相关的关键词和其他选项通过审核之后，流量也会立即过来，这对一些刚成立的新品牌大有裨益。另外，PPC 推广的方法还可以有效计算成本，用户一旦点击，品牌可以从后台上看到相关数据，这样也方便统计获得一个客户所需的成本。

它的不足之处是对一些实力不强、刚成立的小公司来讲，费用仍然过高，还有它的管理也存在一定的难度。

4. 聊天工具

QQ、微信、飞信、MSN、YY 这些聊天工具经常出现在用户的终端上，换句话说，这些聊天工具背后有众多的“粉丝”。品牌通过聊天工具进行知名度的提升，不失为一良策。具体推广的方法为，品牌可以加一些受众较多的群或者主动添加受众为好友，然后在空间刷品牌信息以求提升在用户心中的知名度。当然品牌在做这个工作时要把握一个度，切忌进行狂轰滥炸，引起消费者的反感。

5. 社交网络

随着网络逐步融入消费者的生活，“在线”成为消费者生活的一部分，各种各样的社交网络应运而生。越来越多的消费者参与到社交网络中，社交网络成为消费者了解信息、完成交流的重要渠道。品牌要想在这个“社交时代”将知名度一炮打响，必须借助各种社交网络来进行。

社交网络是指社交网络服务，指人和人之间关系的网络。作为一种人和人相联系的平台，它最大的特点就是通过一个或者多个共同点，将一类人聚集到一起。比如说人人网、天涯社区、百度贴吧。

品牌通过社交网络进行品牌传播更容易找准受众，实现精准营销，同时社交网络就好比社区免费的粘贴板，品牌不需要花费高昂的资金，这样就能有效地降低运营成本。但是利用社交网络也会存在一个致命的缺点，就是一旦品牌在社交网络的宣传点没有创意，可能就会被湮没。

品牌在进行社交网络进行传播时，一定要制订富有创意的营销策略，用创意打动潜在消费者的心。记住，只有有创意的品牌宣传策略才能帮助品牌被更多人知道。

品牌借助以上五种网络推广方法，能够在网络时代快速提升品牌的知名度，让更多的消费者知道品牌、了解品牌。品牌采用这些推广方法时，不必拘泥一种，而应该进行多种组合，发挥各类推广的价值，从而让品牌信息包围消费者的生活，潜移默化地改变消费者的消费习惯。

第三节　第二阶段：让品牌深入人心

品牌通过第一阶段的推广能够让消费者知晓品牌，但是光知晓并不能促使消费者选择品牌。如何让消费者在有相关购买需求时，第一时间想到品牌？这就需要品牌以品牌文化为推广内容，和消费者进行深度互动，达成一种如胶似漆的关系。如此一来，品牌驻到消费者心里，消费者自然会选择品牌。

推广内容：品牌文化

品牌推广到第二阶段，推广的内容不再像第一阶段那样着重推荐品牌基本内涵，而要将品牌文化作为新的发力点，通过推广品牌文化，让消费者对品牌有个更深的感知，对品牌产生亲切感。

品牌文化指赋予品牌深刻而丰富的内涵，是在品牌经营中逐渐形成的文化积淀，代表的是品牌的价值观。它能够让消费者对品牌产生认同、共鸣，形成强烈的品牌忠诚度。

品牌文化的核心是文化内涵，就是品牌所蕴含的深刻的价值内涵和情感内涵。可以从多个方面理解，比如品牌观念、审美情趣、个人修养、情感诉求等。对于消费者来讲，品牌文化不是品牌能够解决他的何种问题，而是他能够从品牌中找到满足自身需求的内容。比如，消费者选择阿迪达斯的运动鞋，当然不光是冲着阿迪达斯的质量多好、款式多新，更多的是冲着阿迪达斯代表年轻、活力、自由的品牌文化而去的。消费者穿阿迪达斯的时候能够从中找到自己的精神理念。

品牌文化就像一面飘扬的旗帜，代表更多的是一种精神、一个观点、一种生活方式、一种格调，它的魅力不局限于给消费者提供一种实际的需求，而是帮助消费者找到心的归属，实现他们对理想、爱情的追求。优秀的品牌文化能够超越国界，吸引全世界的人都来关注品牌，实现共同消费。比如保时捷奢华、尊贵的品牌形象就得到了全球消费者的认可。

在推广时将品牌文化作为推广内容有三大好处。

1. 增加品牌的溢价能力

消费者在选择品牌时，对不同的品牌有不同的心理预期价值（也就是收益），消费者对于品牌心理预期越大，说明品牌的溢价能力越强。将品牌文化作为推广内容，能够打动消费者，增加他对品牌的心理预期，随之而来的品牌的溢价能力也就增强了。

2. 增强品牌的竞争力

在20世纪90年代，中国企业纷纷打出“同等质量比价格，同等价格比质量”的口号，向外国企业宣战，可是外国企业并没有来应战，因为当时中国的企业仍处于产品战略时代，而外国企业早已是品牌战略时代，两者不在同一维度，外国企业当然不可能接受挑战。

品牌竞争力不同于产品竞争力，它包括技术质量和认知质量，而产品竞争力只包括技术质量。技术质量很好理解，就是我们常说的高质量的产品，满足行业、国家、世界的标准，解决消费者的最基本需求。认知质量则是消费者对产品功能特性及其适用性心理条件的主观反映，是衡量品牌是否具有竞争力的重要标准。当消费者的认知质量越高时，就代表品牌在消费者心中的地位越高，品牌也就具有越大的竞争力。品牌在推广时，将品牌文化作为推广重点，能够提升消费者对品牌的认知力量，增强品牌竞争力。

3. 增强品牌忠诚度

品牌忠诚是指消费者不受能引起行为转换的外部环境变化和营销活动的影响，持续购买所钟爱品牌产品的行为。品牌忠诚由三个部分组成：认知忠诚、行为忠诚和情感忠诚。认知忠诚是指消费者未来再购买的认知表现；行为忠诚是指未来消费者进行二次购买品牌产品的行为；情感忠诚是指消费者对品牌态度的表现。营销学家表示，要想最大限度地实现品牌的忠诚度，最好的办法就是实现消费者的情感忠诚。

品牌用打动消费者情感的品牌文化来推广品牌，能够让消费者体验到他和品牌之间的情感联系，从而增强品牌忠诚度。

品牌选择品牌文化作为推广内容，能够帮助品牌从众多竞争对手中跳出来，被消费者熟记，把品牌烙在消费者心里。如此一来品牌就有更强的竞争力和溢价能力，从而取得有利的位置。

推广策略：深度互动，创新传播

品牌在进行深化推广阶段，首先要改变过去“以我为主”的推广方式，要让广大的消费者参与其中，和消费者进行深度互动，从而打动消费者，让品牌在消费者心中产生长久的影响，达到深度推广的效果。

品牌和消费者进行深度互动的主要目的就是向消费者传递产品和服务的信息。这个传递和广告宣传不同，它更侧重于消费者主动参与其中，和品牌共同来完成。

品牌与消费者进行互动的方式很多，比如面对面交流、电话联系、网络论坛、在线客服等，这些方式都能拉近品牌与消费者的关系。但是随着消费者消费观念的改变，对互动需求的不断提升，这些传统互动方式的效果不再显著。品牌要想和消费者完成深度互动，就要独辟蹊径，大胆创新，让品牌重新获得新的销售力。

> 2013年9月三星Galaxy Note3上市，品牌为了能和消费者进行深度沟通，没有进行轰轰烈烈的电视广告宣传，而是独辟蹊径，举办大型全面互动活动“Galaxy Note3摇一摇GO”。消费者通过摇动手机线上插队排队，赢取大奖，幸运的消费者能够在活动中赢取一部三星Galaxy Note3智能手机。此活动在短短七天时间内，有将近20万目标消费者参与其中，摇一摇次数达340万人次。

三星这个成功的传播例子也在给众多品牌一个启示，就是在传播时要尽可能走一些少有人走的路。通过新的传播载体或者用新的形式进行传播，让消费者眼前一亮，这样就能吸引他和品牌进行互动。更重要的是这是消费者主动进来，而不是品牌用强制性手段逼迫他进来的，这会使得消费者更容易接收品牌信息。

品牌和消费者进行深度互动时，一定要把握好两个主次关系：一个是推广活动与品牌文化的关系；另一个是品牌与消费者的关系。推广活动和品牌文化的关系很好掌握。品牌文化要主导活动的整个过程，因为品牌活动就是为了品牌文化而服务，所以它的所有过程都要贯彻品牌文化的思想，切不可让活动脱离品牌文化的轨道。

而在活动中，如何把握品牌和消费者的关系，就需要依据活动的性质和意义进行决断。如果活动主要是为了和老客户进行沟通、交流，拉近与老客户之间的关系，那么消费者在其中就要扮演更重要的角色；如果是深化品牌信息，让品牌传递到更远的范围去，这时品牌就要掌握更大的话语权，甚至可以独权。

品牌深度推广和消费者进行互动，能够将消费者过去对品牌的认知提升到一个更高的地位，将品牌的知名度转化成好感度和忠诚度，让品牌常驻在消费者心里，形成长久的影响力。另外，品牌在和消费者进行深度传播时，要坚持创新、勇于创新，用新奇的方式牵引消费者进来，积极和品牌进行互动，让品牌的深度传播更有效果。

建立品牌文化吧，实行消费者互动

酒吧是一个可以让人卸下工作疲惫和生活烦恼的场所，在那里每个人都是一副最真实的面目，营造出一种舒适、放松的氛围，这也是很多人喜欢泡吧的原因。如果品牌建立一个像酒吧一样可供消费者娱乐、选购品牌产品、和消费者进行实时互动的品牌文化吧，该是多么酷的一件事。

品牌用品牌文化、价值观来装饰自己的文化吧，给目标消费者提供一个具体的落脚点。消费者能够从中找到自身的信仰和信念，品牌也能和消费者进行及时的互动，保持亲密的关系。

现在有很多品牌在繁华地段自建一些概念馆，或者和各个酒吧、咖啡屋进行联合，一起来推广品牌文化。这些都让品牌有一个真实的落脚点，让消费者找到一种归属感，从而对品牌的依赖性更强。另外，当消费者走进这些品牌文化吧后，也能够感受到一种真实的品牌氛围，这是品牌在电视、广播、报刊、网络上投放广告所不具备的，这种真实性也会让品牌快速进入消费者的心中。

消费者进入品牌文化吧之后，可以和与他有共同信仰的消费者交流对品牌的态度和看法，如此一来，让他和品牌的接触点更多，更容易记住品牌。另外，如果品牌文化吧给了他极佳的体验，他就会将他的感受告诉他的朋友、亲人，品牌也会引爆他的朋友圈，实现口碑效应。

品牌文化吧不仅给消费者提供了一个社交的网络，实现口碑效应，同时还能给品牌和消费者提供一个可供沟通和交流的渠道。品牌通过这个渠道收集消费者关于品牌的态度和看法，挖掘消费者对品牌的期待，适时、适当地进行品牌价值调整，更好地满足消费者需求。与此同时，当品牌的产品给消费者带来困扰时，他也能通过这个场所维护自身的利益。

2015 年 7 月 24 日，杜蕾斯在北京 798 开了一间“AIR 空气套概念超市”，这个超市就是品牌的文化吧。在这间超市里，消费者不仅能够购买杜蕾斯最新推出的空气避孕套，同时还能发现一些品牌的价值观、文化因素。

策划者之前估计到场的消费者大概在 1000 人，但实际到场的人数远远超过了预期，最后工作人员不得不限制人流，采取排队的方式入场。杜蕾斯更是在网站上直播这场活动，让网友来发弹幕吐槽这次互动。

杜蕾斯这个文化吧，真正为品牌和消费者提供了互动的场所，可以进行无障碍的交流，使两者之间保持亲密的关系，这对于品牌推广大有裨益。

当然，品牌不止自建文化吧一种方式和消费者进行无障碍沟通，还可以和一些比较有名的咖啡吧、酒吧合作，但是在选择这些场所时，一定要考虑到品牌和这些场所有没有契合度的问题，也就是场所能不能为品牌增分。一定要选择那些具有较高契合度的场所来帮助品牌传播。

品牌传播者也不能只认为文化吧就是一个具体的场所，它还包括一些演出活动，如演唱会、歌友会、见面会等。品牌在这些活动中出现，也可以实现与消费者的交流、沟通。不管用何种方式，一定要保证宣传和品牌价值观一致。

完善员工管理，实行员工互动

品牌管理者为了提高自身知名度，吸引到更多的消费者，扩大自身的市场份额，往往通过大规模的广告，比如邀请巨星为其代言，大手笔赞助公益活动，冠名热门综艺节目等。然而很多营销学家认为，在所有广告形式中，最生动、最具说服力的广告形式莫过于品牌自家员工的现身说法。

无论一个企业的规模多大、聘请多大的腕儿、投放多少广告，它也很难将品牌宣传到全国各地。而员工犹如流动的海水，他们不但可以将广告做到全国任何一个地点，而且能够给目标消费者最生动、形象的解释，更容易打动消费者。比如当品牌的员工出差、旅游、和朋友聚会时，他可以向他认识的人进行品牌价值观的演说，这种生动的宣传能够激起听众对品牌的好奇、联想，从而主动认知，品牌的传播范围也被进一步扩大。

如何让员工自动充当品牌的“活广告”，和品牌“同生死，共患难”？品牌就要拿出自己的诚心取得员工的“芳心”。

品牌要想让员工长期充当品牌的移动广告牌，要给予员工一定的好处，用好处激励他们自觉进行宣传。现在激励员工最好的方法就是给予他们一定的股份，因为当他们拿到品牌的股份之后，就和品牌成为“同一根绳上的蚂蚱”，品牌获益他们获益，品牌亏损他们亏损。显然每个员工都想取得较高的收益，在高收益的引导下，员工必然会最大限度地发挥自己的力量，让品牌获得更多的消费者。这样一来，品牌也能因员工的努力获得更大的发展机会。

品牌给予员工股份也能让员工看到品牌的一片诚心。让员工体会到品牌不再把他当成一个打工者，而是当成一个合伙人。员工对品牌的好感也会随之上升，从心底认可品牌。

品牌给予员工一定的股份满足员工的心理需求和物质需求，让员工将品牌当成自己的品牌，使得他们在和别人进行交流时会潜意识地推销品牌。

品牌要想通过员工宣传品牌，光给予员工股份是不够的，还要对员工进行培训，让他们知道品牌的文化是什么，核心价值是什么，当他们了解这些之后，就不会有员工对外宣传的品牌形象与品牌对媒介宣传的品牌形象相悖的情况出现。

具体要如何进行培训，就需要品牌在员工工作中、生活中，通过各种各样的活动，与员工进行亲密互动，让他们在潜移默化中接受品牌的价值主张，从心底记住品牌的主张。

员工进行宣传不仅能够让广告更生动，同时也能防止出现对品牌宣传的制约情况。如果小米公司的员工用的都是苹果手机，宝马公司的员工都开奔驰，海尔集团的员工都在用美的、格力、奥克斯的产品，那么这些品牌在媒体上做的广告效应就会大打折扣。消费者会想："为什么它的产品在广告上宣传得那样好，可是自家的员工却不用?"当消费者产生质疑心理时，他购买品牌的欲望也会消失殆尽。

品牌通过给予员工股份，让员工和品牌保持利益的一致性，激发他们充当品牌"活广告"的热情，同时给予员工一定的培训，让品牌价值观在他们心中留下烙印，记住品牌价值观，这样他们在和周围人宣传品牌时更能传递品牌精华。

丰富品牌文化，建立品牌和消费者之间的情感因素

当我们在向他人描述《三国演义》中的人物关羽时，总会用忠义、厉害等词来形容他，然后说他过五关、斩六将，温酒斩华雄，在华容道放走曹操的故事；当我们讨论成龙时，也总是说他拍过的一些电影《醉拳》

《尖峰时刻》《天将雄狮》等，他取得过哪些成就甚至他和邓丽君的一些风流韵事。当消费者讨论品牌时往往喜欢讨论品牌创始人的事迹，比如路易威登创始人制作衣服的故事。实际上这些名人、名牌之所以能够一直被人们记住，与他们身上的故事有着密切的关系。

品牌要想让消费者记住，不是靠给予消费者低价的产品，而是要不断丰富品牌文化。而品牌文化最重要的一个因素就是品牌故事和一系列的品牌赞助活动。通过宣传品牌相关的故事，或者赞助与品牌价值观相符的活动，能够让消费者对品牌产生情感，达成和品牌的心理联系。当消费者一想到某个品牌故事或者品牌赞助的活动时，就会在第一时间想到品牌，这样品牌就在消费者心中扎下了根儿。

在塑造品牌故事和赞助一些活动时，品牌管理者必须坚持以品牌文化内涵为宗旨，即品牌一直坚持的部分、不容改变的东西。

匡威在赞助品牌活动时，始终坚持“热情乐观、自由不羁、勇于面对”的价值观。比如它赞助的草莓、迷笛音乐节，一些大型街舞和滑板比赛等，这些象征自由、青春活力的活动丰富了品牌的内涵，展现了品牌价值观。还有耐克经常赞助的三人篮球赛、棒球比赛、田径比赛，这些活动的价值观和耐克本身坚持的“Just Do it”（说做就做）的品牌理念不谋而合。

品牌通过塑造品牌故事、赞助一些活动能够丰富品牌内涵，当消费者想到品牌时不会只想到一些标志或者一些口号，还有一些温暖的故事和品牌赞助的一些活动，这使得品牌的形象不再干瘪，变得丰满起来。当我们想到《快乐大本营》时就会想到vivo，vivo的品牌形象就会变得更青春，更有活力；当我们一提到Jeep，想到的不只是它的标志、较高的价格或者电视上播放的广告片，而是Jeep品牌众多勇攀高峰的故事。

品牌故事和活动在丰富品牌内涵的同时增加了消费者与品牌的接触点，让消费者对品牌有了更深的体会和理解，让品牌顺势进入消费者的心中。另外，品牌故事顺应消费者喜欢故事的习惯，更容易进入消费者心底去，更重要的是当消费者接受之后，不会孤芳自赏，而是会主动和身边的朋友讨论、分享，当越来越多的消费者参与进来讨论品牌的这些故事时，品牌的口碑效应会由此产生，品牌就能传递到更大的范围中去。

第四节 第三阶段：维护品牌高度

当品牌的知名度打开、美誉度提升之后，品牌推广也随即进入第三个阶段——维护品牌高度，在这个阶段品牌推广时要将品牌形象作为推广内容，并提升产品形象、增加产品的附加值，让品牌在消费者心中有个绝佳的印象，始终站在消费者心智的制高点。

推广内容：品牌形象

一提起“海尔”，消费者自然而然地会想到它是中国家电行业的领头羊，代表中国家电的旗舰级水平；一讲到“苹果”，留给消费者的就是高端、完美、质量好的印象；一提到“劳斯莱斯”，消费者就会想到“奢华”“尊贵”“臻品”等词语。

“海尔”“苹果”“劳斯莱斯”为什么能够让消费者产生这种印象？究其原因就是它们在树立品牌知名度、美誉度之后，一直坚持做品牌形象推广、维护工作，使得消费者对品牌形象刻骨铭心。所以一提到品牌时，消费者潜意识中对品牌的印象自然而然地就跳出来。

品牌要想像“海尔”“苹果”“劳斯莱斯”一样在消费者心中留下深

刻的印象，就要在完成树立品牌知名度和美誉度后，将品牌形象作为推广内容。

品牌形象是指消费者根据所接收的品牌信息，用自己的主观感受进行加工选择，在大脑中形成对品牌印象的总和。随着科学技术的进步，市场条件下的同质化的产品越来越多，消费者在选择时面临着更大的干扰，要想从众多品牌中脱颖而出，就必须依靠极具个性化的品牌形象。

1. 品牌形象作为推广内容能够为企业赢得长远的利益

当消费者在超市选择口香糖时，绿箭鲜明的外部包装和“清新口气”的宣传卖点能够帮助它从众多相似的产品中跳出来，成为消费者选择的对象。品牌形象鲜明能够为品牌抢夺一定的市场份额，使品牌获得长期发展机会，获得长远的利益。

2. 推广品牌形象能够让消费者对品牌产生信赖感

品牌对于消费者而言不是标志而是承诺。消费者为什么购买格力的空调？就是因为格力品牌给他承诺提供核心科技的空调服务。应将品牌形象作为推广重点，能够让品牌的承诺被消费者熟知，长此以往，品牌的承诺就会烙在消费者心中，消费者对品牌的依赖感也会更强。

3. 推广品牌形象能够提升品牌的价值资产

企业资产分为有形资产和无形资产。有形资产也就是企业的厂房、设备、员工和对外投资等一切看得见、摸得着的资产；无形资产最重要的一个部分就是品牌资产，它是企业最具价值力的资产。即使一个企业有形资产在一夜之间毁掉，只要它的品牌资产还在，就能在短时间内帮助企业在废墟上重新建立起来。

品牌推广品牌形象能够提升品牌在消费者心中的好感，沉淀品牌价值，让消费者形成对品牌的忠诚度。消费者的青睐会增加品牌的价值资产。

品牌形象的推广不是一个一蹴而就的过程，而是一个漫长而艰辛的过程，它要将产品的包装、形象设计、品牌战略的制订等统统考虑在内。因此品牌管理者在进行品牌形象推广时应该做好充分的心理准备，提前做好规划，让品牌形象的每一步推广都按照规划进行，真正将品牌形象在市场上推广开来。

推广策略：宣传 + 互动

兵法云："大军未动粮草先行，方能打赢胜仗。"在品牌形象推广时，策略犹如"粮草"。制订好推广策略，能够帮助品牌形象得到最大程度上的推广。在品牌推广的第三个阶段，品牌经营者宜采用"宣传 + 互动"的策略。

品牌宣传就是告诉目标消费者品牌形象是什么，即品牌所坚持的价值观。这也是品牌宣传的内容。定好宣传内容之后，品牌管理者就要敲定宣传形式，是通过平面媒体方式进行宣传？还是用视频或广播的方式宣传？如何确定，这需要品牌管理者根据品牌产品的特点和实力进行选择。如果品牌实力雄厚，产品面向大众，品牌可以借助中央电视台或者一些优秀的省级电视台进行推广，以此给消费者留下一种实力雄厚、家大业大的印象。

中国平安保险通常在中央电视台的黄金时段进行品牌形象宣传，而且宣传时间还不是 15 秒或者 30 秒，而是 60 秒，在一秒数金的中央电视台，它的"土豪"行为让消费者对其产生强烈的信任感。

品牌也可以冠名省级电视台一些优秀的综艺节目，以此宣传或维护品牌的形象。比如冠名《天天向上》的 RIO 鸡尾酒，通过节目维护了品牌阳光、活力、自在的形象。

品牌无论是在电视台还是在广播上进行宣传，一定要考虑到媒体和自家品牌定位是否一致，如果媒体的定位是一些高级知识分子，而品牌是定位于年轻的学生群体，那么这两个定位是有冲突的，品牌就要果断抛弃通过这个媒体获得发展机会的想法。

品牌通过报刊、电视或者广播进行品牌形象的宣传更多的是一种单向的传播，即消费者仍然是以一种被动的姿态接收品牌传播的信息，他根本没有参与到品牌形象的讨论中，很难让他对品牌形象产生深刻的印象。品牌在推广形象时让消费者参与其中，发表自己的观点和看法，实时和消费者进行互动，能够提升消费者和品牌形象推广的参与感，强化他对品牌形象的印象。

具体到如何和消费者进行互动，品牌可以借助当今消费者常用的微博、微信等社交媒体和消费者进行及时的互动交流，拉近品牌形象与消费者之间的距离。

2013 年，饮料巨头可口可乐公司借助微信社交媒体和消费者进行了一次互动交流。活动的名字叫“3PM 午后畅饮”，在活动期间，消费者购买可口可乐产品包装上印有“午后畅爽秒大奖”的饮料瓶，凭盖内的 13 位字符，可在下午 3 点，登录到易迅网秒杀三星手机。这个活动立刻引起众多消费者的参与，他们翘首以盼下午 3 点的到来，还在可口可乐这个话题上进行评论。可口可乐举办这个活动不仅和消费者进行了互动交流，同时也巩固了品牌原有的形象。

在推广品牌形象时坚持宣传和互动的策略，在和消费者进行互动、沟通的时候就将品牌形象推广出去，并且通过互动能够巩固原有品牌形象，让品牌价值也随之飙升。

提升产品形象

品牌形象是品牌概念的制高点，是品牌塑造的最终状态，是一个比较抽象的概念。产品形象作为品牌形象的载体，是一个比较具体的概念。品牌形象先于产品形象而存在，指导着产品形象。如果一个家具品牌定位是“现代”，那么它的产品要尽可能与之相符，反之就会损害品牌形象。产品形象也在影响着品牌形象，提升产品形象的同时也能增强品牌形象。

经济学家哈耶克将产品形象定义为“企业实现整体形象目标的细化，是以产品为中心而展开系统的形象设计”。

产品形象由三部分构成，即产品的视觉形象、产品的品质形象和产品的社会形象。产品的视觉形象是指消费者对产品触觉、视觉、嗅觉、味觉的直观感受，这是产品形象的初级阶段；产品的品质形象是产品形象的核心，它指的是消费者使用产品功能、感受的一致性体验；产品的社会形象是消费者能够从使用产品中感受到一定精神，它超越了产品使用层面的物质方面。

品牌经营者在进行品牌形象宣传时，从提升产品的形象下手不失为一个妙计。具体做法，可以从产品形象的三个部分进行。

1. 在产品视觉形象层面，尽可能打造消费者满意的视觉产品

品牌经营者要调研消费者的喜好，观察他们对产品现有的包装、形象有无不满意的地方，并且要询问他们有没有改进产品的建议和意见。了解消费者对产品的态度、收集消费者的建议之后，品牌管理者就要做出改进，让产品的视觉形象被更多人喜欢。

2. 在产品品质形象层面，提升消费者对产品的体验感

针对产品品质层面，品牌经营者仍需要实地调查消费者使用产品的感受，询问产品能不能解决他的实际问题，还要检查产品的生产、管理、服务的情况能不能满足消费者需求。如不能满足，则需要及时整改，让整改后的产品满足消费者对产品的体验感。在第二阶段改造中，也要提升品牌的服务水平，让消费者对品牌服务有较好的口碑。当消费者对产品的形象有了较大的好感，他也会将这种感情转移到品牌形象，届时品牌的形象在消费者心目中也会有所提升。

3. 在产品社会形象层面，打造只属于消费者特有的产品

产品的社会形象是产品形象最重要的一环，它是消费者与产品的感情联系，这种联系是感性的，而感性的联系最容易促使消费者长期选择品牌。品牌管理者要打造属于消费者特有的产品，让消费者与产品关系更加亲密。

打造只属于消费者的产品方法有很多，如凭邀请码购买产品、私人定制产品，这些都能让产品和消费者产生感情。

品牌管理者通过这三个方式能够提升产品的形象，让产品最大限度地满足消费者的需求。当以品牌形象为载体的产品形象得到提升时，品牌形象也会随之被更多消费者接纳、喜欢。

增加产品附加值

品牌在维护高度时，不仅可以通过各种媒介宣传让品牌形象深入消费者心中，而且还要时刻关注品牌产品，想方设法增加产品的附加值，使得品牌维持高度时有更大的底气。通常增加产品附加值有以下四个方法。

1. “死磕”产品质量是增加产品附加值的基础

产品质量是产品的基础，在当今市场经济环境下，一个没有产品质量作为前提的产品，只会在消费者的一片痛骂中销声匿迹。过去的三鹿乳业、秦池酒业、冠生园这些企业的衰落案例也证实：不注重质量的企业必死无疑。“死磕”产品的质量，关注产品生产的各个环节，做好质量把控工作，让产品在增加附加值的路上走得更为掷地有声。

2. 打造特色产品，让产品独一无二

网民曾恶搞戴·比尔斯的广告语："钻石恒久远，一颗就破产。"这一方面是对自己无钱购买产品的自嘲，另一方面也说明钻石的昂贵。为何钻石价格如此昂贵？就是因为数量少，想要购买它的消费者又很多，供小于需，消费者才愿意拿出更多的钱购买产品。品牌打造特色产品，脱离同质化产品的圈子，让产品的珍贵性特征显现出来，消费者自然会拿出更多资金购买品牌产品。

另外，产品特色也会直接映射到品牌形象上，产品的独特性会为品牌形象增添一份与众不同之气，品牌的个性特征得以凸显。

3. 注重产品包装设计，提升产品档次感

一家奢华洋酒品牌在酒吧举办一场新品活动，整场活动的主题就是"奢华""尊贵"。活动过后，主办人员询问参加者的感受，很多人并没有真正感受到活动尊贵的格调。最后主办人员得知，原来是在洋酒的包装上出了差池。虽然洋酒的价格昂贵，但是洋酒的包装给人一种廉价感，消费者在心底认为品牌洋酒不具备高价值的属性。类似在包装上吃亏的品牌还有很多。产品注重包装设计，让产品的包装给消费者带来较好的感觉，才能提升产品的档次，产品的附加值也会随之提升。

4. 做好产品售前、售中、售后的服务也是提升产品附加值的良策

服务营销已经成为当今营销的趋势，越来越多的企业改进服务模式，想给消费者提供一个更好的购物体验。管理者做好产品售前、售中、售后的服务，提升消费者对产品的心理估值，这样消费者也能接受产品较高的价格。海底捞就是一个很好的例子，虽然它的菜品并不能和五星级餐厅媲美，但是它的服务比五星级餐厅还要周全。优质的服务让餐厅拥有较高的溢价权，品牌的利润也随之提升。

通过以上四种方式能够很好地提升产品的附加值，让产品拥有更大的议价权。另外，高价的品牌能够在消费者心中保持一个较高的位置，维护品牌原有的高度。

优化流程

优化流程是品牌维护高度一个较佳的策略，即通过不断提升产品的质量、完善业务的流程以求品牌在消费者心中占据较高的地位。品牌优化流程可以从以下三个方面着手。

1. 集中于产品质量的提高，或者维护产品质量现有的高度

品牌进行流程优化不仅要对品牌的营销策略、宣传方式进行优化，更要对关乎品牌生命的产品质量进行优化。产品质量的提高一方面能够为品牌获得更大的议价权，让品牌取得更高的利润；另一方面，产品质量的不断提高也能让消费者看到品牌不断创新的精神，继而对品牌产生较大的好感。

> 苹果公司为何一发新品就会有众多的果粉排队争相购买，很大程度上就是因为苹果公司不断提高产品的质量，今年推出指纹识别，明年又在相机上做起优化工作。通过不断地提高产品的质量给消费者不间断的惊喜，消费者自然会被品牌的号召力影响而去购买手机。

如果产品质量已经相当好，很难在短时间内提升，这时品牌要做的就是维护产品现有质量高度，减少产品出现质量问题的可能。

2. 内部或外部进行兼并

“兼并”一直是众多品牌作为维护品牌高度的有效方法。它能让消费者看到品牌的实力，进而提升对品牌的印象。兼并分为内部兼并和外部兼并。内部兼并是指对品牌范围内的机构进行合并，以求发挥品牌最大的竞争力；外部兼并就是收购其他品牌，利用其他品牌的实力来壮大自身品牌实力。

兼并的例子有很多，比如联想收购 IBM（国际商业机器公司）。联想通过兼并 IBM，掌握了 IBM 大量核心技术的同时也借助 IBM 的品牌力量，让它成为计算机的领军品牌；被誉为“蛇吞象”的吉利收购沃尔沃的例子也是如此，这次兼并让吉利获得前所未有的关注，消费者对它的品牌印象也更深了。

3. 结成联盟

“近朱者赤，近墨者黑”，这句话同样适用于品牌维护高度上面，品牌和一些优质品牌结成联盟能提升消费者对品牌的认知。这里结成联盟对象不仅有品牌的上游和下游，也可能是品牌的竞争对手。可能很多人认为，和竞争对手结成联盟会被瓜分原有市场份额，这种想法是狭隘的，因为和竞争对手结盟能够把消费者市场做大。比如蒙牛和伊利就结成战略联盟，共同倡导“每天一斤奶”的活动，此活动让奶制品的销量大增。

品牌通过提高产品质量、实行兼并、结成联盟的方法，能够让品牌在消费者心中占有一席之地，品牌的高度也得以维持。

第四章

品牌管理：以用户为中心

第一节 品牌目标管理

无目标的品牌管理，就像是被蒙上眼睛的小鸟，不但会不断地撞上南墙，而且有性命之忧。品牌在管理中订好目标，确定品牌核心信息点、确定管理的重点，真正让目标得以落地生花，品牌的目标化管理才能得以实现，价值也会愈加明显。

品牌目标设定要具体

品牌目标是品牌管理者按照经营方向，在推出品牌时就想要达到的一种状态，它是品牌战略方向的量化，比如品牌的市场占有率要达到多少，知名度要提升多高，影响力要有多大，品牌美誉度要提升多少。品牌的目标有时也会根据经济环境、市场发展而发生一定的变化。企业设定的品牌目标固然丰满，但是市场环境是恶劣的，如果品牌一味抱有满腔抱负，而没有将目标细化、去执行，到时品牌目标的设定也会显得苍白无力，最终以失败告终。

品牌目标通常由两个部分组成，一个是长期品牌目标，这是品牌在刚推出时就必须制定的。比如成为行业的领军人物，长期占领消费者的心智。长期品牌目标就好比远行的灯塔，指引着每个员工前行。另一个就是短期品牌目标，即品牌在一年、一个月的时间里，知名度要提高多少、美誉度要提高多少。短期目标相比长期目标要更具体，更能让品牌管理者知道这段时间该干什么、怎样干，品牌管理所取得的效果也更明显。

我国很多企业往往在制定长期目标上“有一手”，经常将行业第一、市场老大标榜为长期目标。制定这些长期目标的确能够达到鼓舞士气的作用，但是品牌在一些短期目标的制定上明显有瑕疵。长期目标和短期目标不对称，只会让品牌管理进入误区。短期目标的不具体，会让品牌管理者不知道品牌在某一阶段该怎样做，如何提高品牌的知名度。这些没有具体品牌目标的品牌，就仿佛失去舵手的轮船，只能在海上到处游荡，终不能到达理想的彼岸。

作为品牌的管理者要在制订品牌目标计划时，将“具体”二字放在心上。

品牌管理者可以首先制定一个有引导力的长期目标，然后把它分解成一些小目标，把这些小目标放到品牌管理的日常中去。这样实施起来更具体，在具体的实施过程中难度也会有所降低。比如品牌制定的目标是要成为行业的第一知名品牌，这时品牌管理者要了解到成为第一品牌需要占领多大的市场份额，然后以这个市场份额为目标。显然品牌不可能在短时间做到第一品牌，品牌管理者可以将这些目标分解到每一年获得的市场份额，每一个月、每一天获得多少，这样一个看似不可能实现的目标就变得具体化，难度也随之被降低。

不光是品牌的知名度，品牌的美誉度、忠诚度也可以按照这种分解目标的方法进行。这种做法让品牌目标更具体，实施起来也变得轻松。另外，品牌在制定目标时，一定要考虑到企业自身情况，就是有没有实力去实现这个目标。如果不从自身实际出发，定一些根本不可能实现的目标，到头来品牌的目标价值也会变成零。

确定品牌核心信息点

没有灵魂的人犹如行尸走肉，更别提有成功美好的人生。对于品牌来讲也是如此，没有核心信息点的品牌，显然不可能攻占消费者的心智，成为消费者购买产品的第一选择。品牌管理最重要的工作就是清晰勾勒出品牌的核心信息点，然后在接下来的时间里，所做的任何一个活动都围绕这个核心信息点进行，宣传、巩固这个核心点，让品牌核心点在消费者心中牢牢站稳，成为消费者心中的第一品牌。

品牌的核心信息点就是品牌想要说的内容、品牌的定位、品牌能够给消费者提供什么样的核心利益点。

品牌管理者勾勒品牌核心信息点的方法有很多，首先可以从品牌产品身上下功夫，发掘产品与竞争对手产品差异的内容。之后通过各种宣传媒介，不断放大品牌差异化信息点，消费者也能对品牌有个更深刻的印象。

比如第一家主打音质的手机品牌 Vivo，它没有像传统的手机厂商那样以价格作为竞争点，而是找出自家手机音质的差异化，将其作为核心信息点。这种做法，成功地在消费者心中挤占了具有较高音质的手机资源。现在一提到音乐智能手机，消费者就会想到 Vivo。

品牌不光可以在产品身上挖掘核心利益点，也可以在消费者的情感空隙中找到品牌核心信息点。

随着科学技术的提高，生产工艺的进步，品牌想要在产品质量上、款式上和竞争对手有所不同的难度日益加大。这时品牌可以选择另外一条捷径，挖掘消费者的情感空隙，然后用带有与消费者情感空隙相关的核心主张来满足消费者的情感需求，这样也能让消费者对品牌印象颇深。

雕牌洗衣粉的广告“妈妈，我能帮你干活了”摆脱了以往日用品常用功能性诉求的套路，通过小女孩与下岗母亲的情感交流，让消费者的心灵为之一颤。凭借满足消费者亲情的情感空隙，雕牌洗衣粉成功从众多洋品牌中突围出来，销量大增，连续四年成为全国销售第一。

类似从消费者情感出发的品牌还有南方黑芝麻糊。它的品牌广告不是从讲芝麻糊的原材料多好的角度出发，而是以回忆为出发点，向消费者描绘小男孩购买黑芝麻糊的童年经历，让观看广告的消费者温情之心立马翻涌。凭借给消费者传递品牌“回忆”“感性”的核心信息主张，众多消费者积极为品牌产品埋单，从此南方黑芝麻糊的品牌也被更多的消费者熟知。

品牌通过产品自身优势和消费者情感空隙点确定核心信息点，然后在日常的广告宣传中将核心利益点传递给消费者，可以让品牌深入消费者心中。

确定品牌管理的重点

在品牌实际管理过程中，品牌的知名度、美誉度、互动度、忠诚度不是独立存在的。一个品牌肯定是先有知名度，然后再有美誉度和互动度，最后达到品牌忠诚度的。当品牌忠诚度达到时，它也会促进品牌知名度和美誉度、互动度的提升，这四个要素之间有很明显的因果关系。

品牌管理者根据品牌所处的位置，设定品牌管理的重点，能够让品牌在每个阶段如鱼得水。

1. 在品牌导入期将提升品牌知名度作为工作重点

企业品牌的发展必定是一个从无到有、从有到强盛的过程。企业在导入期引入品牌时，品牌必然面临着无人知晓的困境，这时品牌要做的就是打开品牌知名度，让更多的消费者知道品牌、了解品牌。

品牌管理者可以通过在大众媒体和新型媒体上进行强势宣传，让品牌到达消费者心中。品牌到导入期要学会“舍得”，“舍”需要品牌下狠心，敢拿出大量的钱来做广告，那些在广告投入上一直心存“私心”、不舍得投入的品牌，很难短时间内提升知名度；而“得”也就是品牌取得高知名度的效果。

在导入期品牌的宣传活动时一定要坚持“新颖”原则，用具有新意的传播形式和内容将品牌传递出去。

2. 品牌成长期时刻提升品牌的美誉度

由于在导入期品牌使用正确的策略，品牌的目标顾客对品牌也有了一定的了解。随着知名度的提高，越来越多的消费者尝试使用品牌产品，这时品牌的管理重点要倾向于提升品牌的美誉度。

品牌的美誉度可以从产品的质量、服务入手，给消费者提供质量高的产品和优质的服务，提升消费者对品牌的美誉度，继而让消费者产生忠诚度。

在成长期品牌管理者也要进行一系列的品牌宣传活动，但这时品牌的宣传重点要以品牌美誉度为中心。另外，在这个阶段，品牌的竞争对手也会出现，这时品牌要做好对竞争对手的防御工作。

3. 全盛期要着力提升消费者对品牌的忠诚度和互动度

处于全盛期的品牌有很多，比如可口可乐、苹果、奔驰、宝马。全盛期的品牌得到消费者的认可和好感，品牌的美誉度已经享誉全国甚至全球，消费者在购物时也会在第一时间想到品牌。在这个阶段，品牌管理者要着力提升消费者对品牌的忠诚度，让消费者在有相关需求时，毫不犹豫地选择品牌。

品牌管理者可以在一些成熟的社交媒体举办一些活动，邀请消费者参与其中和品牌进行互动，在互动过程中，拉近品牌与消费者之间的联系，让品牌深入消费者心中。

4. 衰退期重塑品牌形象

品牌进入衰退期的原因有很多，比如广告宣传未到位、替代产品占据优势地位、品牌的危机公关未能处理到位等。品牌衰退期的到来对品牌来讲并不一定是灭顶之灾，相反很有可能给企业带来新的发展机会。历史上通用电气、苹果、IBM、可口可乐都进入过品牌的衰退期，但是这些品牌运用一定的策略，安然渡过了品牌危机。

在这一阶段，品牌的忠诚度和美誉度停滞不前甚至严重下跌，但是品牌仍然维持着较高的知名度，另外竞争对手在这一阶段发力更强，媒体对品牌报道的数量也会出现下降。针对这种状况，品牌管理者要依靠消费者对品牌的知晓，重塑品牌形象。品牌可以在知名度高、受众多的媒体上进行有创意性的广告宣传，从而让品牌重新获得消费者的好感。

品牌管理者根据品牌所处的不同阶段，用针对性的策略去管理品牌，让品牌的管理效率更高。

品牌目标要落实

很多品牌在做目标管理时也认真地做好了品牌的长期目标和短期目标，确定了品牌的核心信息点作为宣传卖点，但是到真正落实时，品牌都变成了“行动的矮子”，未能按照之前制订的计划进行落实。

落实品牌目标的计划可以从以下三个方面着手。

1. 全员行动，让目标得到彻底落实

品牌管理者要时刻记住，品牌目标的落实不能仅仅依靠高层，更要靠品牌众多的员工，两者缺一不可。品牌目标的制定需要高层对品牌当前的市场竞争环境、消费者消费习惯、经济政策进行了解、分析，然后制定一个科学、符合品牌自身发展的目标。但是制定好目标之后，员工是实施的主体，没有员工行动，目标靠高层实现无疑是天方夜谭。

因此品牌管理者在牵引高层进行决策之后，要做的最重要的工作就是调动广大品牌员工的热情，让他们积极投身于品牌目标的实现中去，最大限度地发挥个人的聪明才智，将品牌的目标得以落实。

2. 制定落实手段，更快地落实品牌目标

目标落实手段的方法有很多，品牌要选择适合自身发展的策略，以防造成水土不服的现象。通常来讲，“包产到户”是落实品牌目标最有效的方法之一，即品牌管理者将目标进行分解，然后把每一小块的目标落实到具体的责任人身上。这里的责任人不仅有员工，而且也有高层。当高层、员工每一个人都有品牌目标的压力时，在压力的逼迫下，高层和员工才会充分发挥个人主观能动性，让品牌目标得以实现。

3. 协作让品牌目标得以落实

品牌不是高层的专属，也不是品牌管理者的专属，而是属于所有和品牌有相关利益的个体。如果每个个体都坚持自己的观点和方法来实现品牌目标，品牌目标的实现只能湮没在众人的争吵中。因此在品牌目标的实现过程中，品牌管理者要协调员工、高层的关系，让他们“心往一处想，劲往一处使”，共同来为品牌目标的实施出一份力。只有当高层和每个人认真落实属于自己分内的工作时，品牌的建设才会更有意义。

品牌管理者通过制定落实手段、调动全员参与品牌目标的工作、协调高层和员工共同落实品牌目标的关系，能够让品牌目标真正得到落实，实现品牌的最大价值。

第二节　品牌监控管理

品牌监控是品牌管理的重要环节，它能够帮助品牌管理者简化决策过程，提供品牌重要的信息。品牌管理者要想做好品牌监控管理，必须要从品牌资产评估和品牌知名度、品牌互动着手，将它们研究透彻，才能做好监控管理。

品牌资产评估的四种方法

品牌资产是企业最重要的资产，它的多少能够决定品牌走得多远。品牌管理者在做品牌监控时，第一步要做的就是评估品牌资产。通过评估，知道品牌价值，然后根据品牌不同价值做出不同的监控方案。国内外关于品牌资产评估的方法很多，但是常用的有以下四种。

1. 财务资产评估

财务资产评估即根据品牌的溢价收益或者说品牌在未来有可能带来的收益能力进行评估，一般在品牌进行资本并购、产权变更、募集资金、特许权许可等资本运作中，品牌都需要出具财务资产评估。品牌管理者也可以借助财务资产评估品牌资产。

财务资产评估的方法有三种：成本法、现行市价法、收益现值法。

(1) 成本法。成本法分为历史成本法和重置成本法。

历史成本法是指计算品牌运营原始会计成本，主要包括品牌在包装、设计、创意、促销、开发、商标注册相关的专利创造和申请的一系列开支。

重置成本法是当前国际公认的三大品牌资产评估方法，即重新打造一个相同的品牌需要多少成本。重置成本法计算公式是：

品牌资产估值 = 品牌重置成本 × 成新率

品牌重置成本 = 品牌账面的价值 ×（评估时物价指数/品牌购置时物价指数）

成新率 = 品牌剩余年限/品牌能存活全部年限

成本法这两种评估资产的方法虽然能够评估品牌资产，但是都有致命的缺点。历史成本法由于是根据过去品牌建立所需要的资金进行测算，所以它在衡量当前品牌的价值时会出现偏差，而品牌重置法有一定的误差，因为品牌不可能自行摧毁，然后再重新建造一个。

（2）现行市价法。现行市价法也被称为市场比较法，即以目前市场上与被估品牌相似的品牌为参考系，然后评估品牌的资产。品牌管理者在用这种方法进行评估的前提就是有与品牌相类似的参考系。

现行市价评估法有两种：第一种是直接比较法，就是将与品牌相似的品牌资产作为参照物，用现在的市场价格减去市价计算的使用年限的折旧额；第二种是相似比较法，即以参照品牌为基础，找出参照品牌和被评价品牌新旧的程度，最终确定品牌价值。

（3）收益现值法。收益现值法就是评估品牌在未来预期收益折算成现值的做法，等于该品牌资产预期收益之和。收益现值法被众多品牌管理者青睐。

但是收益现值法不可避免地存在一定偏差，因为它是将品牌资产放到未来的环境中进行，而未来的环境是很难预料到的。所以品牌管理者在使用收益现值法时一定要做好数据有偏差的心理准备。

2. 品牌影响力评估

品牌影响力评估是从消费者的角度出发，调查消费者对品牌的态度和看法，以此来评估品牌资产。使用这种评价方法的原因是，品牌最终面对的是消费者，没有消费者认知的品牌显然不是有价值的品牌。

品牌管理者在使用品牌影响力评价法时要收集消费者对品牌的知名度、美誉度、忠诚度情况，然后再进行研究分析。现在不同国家和地区也都有专门的品牌影响力方法来进行品牌资产的评估。在美国，《金融世界》杂志从 1992 年开始就对全球有影响力的品牌进行评估；在中国，也有北京名牌资产评估有限公司专门根据消费者的态度进行评估。品牌管理者可以借鉴评估机构的做法，根据消费者对品牌的态度评估品牌的影响力。

3. 品牌延伸价值评估

品牌延伸是指借助品牌现有影响力，利用消费者对品牌的认知，然后进入一个新的区域，为消费者推出新产品或者新服务。品牌延伸能够降低品牌进入一个新的领域的风险，同时节约新品牌的宣传费用。比如魅族推出的魅蓝系列、华为推出的荣耀品牌、小米推出的红米品牌，它们都是品牌延伸的例子。品牌管理者通过品牌延伸也能测算出品牌的价值，但是使用品牌延伸的方法也有一定的风险性。

4. 股票市值法

股票市值法就是股票价格法，根据股票的价格对品牌的资产进行测量、预算。这种品牌资产评估的方法以上市公司的股票市值为基础，将有形的资产从整体的资产中拿出来，然后品牌资产再从有形资产中分离出来。

品牌管理者在实施品牌资产评估时可以按照以下步骤进行：先计算公司的总市值，对厂房、设备、商品等有形资产用重置成本进行作价。然后用总市值减去有形资产，得到的就是无形资产。无形资产由品牌资产和非品牌资产构成，品牌管理者建立一系列的函数模型，得出哪些是品牌资产，即可得到品牌资产价值。

但是这种方法只适用于上市公司，一些未上市的公司就不能运用这种方法算出品牌资产。

品牌管理者通过以上四种评估品牌资产的方法，评估出品牌资产，然后依据不同资产设立不同的品牌监控方法，才能做好品牌实时、有效的监控。

品牌知名度的三个层次

品牌知名度是消费者识别或者回忆起关于品牌信息的能力。品牌的知名度越高，消费者用以回忆起品牌的时间越短，反之越长。品牌花大量的资金在中央电视台、优秀的省级电视台投放广告，很多时候就是为了提高品牌的知名度，缩短消费者回忆品牌的时间。

品牌知名度有三个层次：品牌识别、品牌联想、第一提及品牌。

1. 品牌识别

品牌识别是品牌管理者希望创造和保持的能够引起消费者对品牌产生美好印象的联想内容，让消费者找到熟悉的感觉。品牌识别通常是在调查者给被调查者提供帮助下进行的。在调查品牌知名度时，给出某一特定品类产品的多个品牌，让消费者指出某个品牌，若消费者能指出，则说明品牌具有识别效果。

品牌识别是品牌知名度最基础的一环，它能够帮助品牌从众多品牌中脱颖而出，特别是在消费者购买产品的过程中，品牌识别尤为重要。

2. 品牌联想

品牌联想是指调查者在调查品牌知名度时，并不说出品牌名称，而是说出品牌所属的类别，然后让消费者通过联想想到品牌。比如小米公司在调查品牌知名度属于哪一个层次时，调查者并不说出小米品牌，而是让被调查者说出能想到的手机品牌，如果被调查者讲到小米品牌，也就说明小米品牌在消费者的心中属于品牌联想层次。

品牌联想往往能左右消费者的购买决策。当消费者在购买商品时，往往首先想到有哪些品牌，然后从这些想到的品牌中选择一个适合自己的品牌。消费者要购买糖果时，可能会想到金丝猴、大白兔、徐福记这三个品牌，然后他再根据自己的口味、偏好选择某一品牌。品牌进入消费者联想中，能够接着进入消费者预选品牌的行列，极大地提升了消费者选择品牌的可能性。

3. 第一提及品牌

第一提及品牌很好理解，就是消费者有相关购买需求时，第一时间想到的品牌。当消费者购买手机时，第一时间想到苹果，苹果就占据了消费者心中手机的第一品牌。第一品牌是品牌知名度最高的境界，很明确地说，它高于任何品牌。当品牌成为第一品牌时，品牌也就不用担心产品的销量问题，因为消费者在购买产品时，往往是出于一种习惯，不被其他的品牌所影响，产品自然是畅销的状态。

品牌成为消费者心中的第一提及品牌，有时能够决定产品的价格，使企业掌握这一行业的规则，甚至垄断这个行业。一提到可乐，很多人就会想到可口可乐，可口可乐便成为消费者第一提及品牌。虽然它的成本低，但是它的价格却很高，究其原因，它有和消费者讨价还价的能力，所以价格的制定也略显“霸道”。

品牌管理者得知品牌知名度层次的划分方法之后，可以对消费者进行品牌知名度的测试，发现自家品牌处在知名度的哪一个层次上。如果品牌处在品牌识别的基础上，这时品牌管理者要做一系列的宣传活动，让品牌进入消费者联想范围之内，成为消费者的预选品牌；如果品牌在消费者联想中，这时品牌要做一些塑造品牌个性化的活动，争取让消费者在需要购买产品时，第一时间想到品牌；如果在第一提及品牌阶段，这时一方面要不断巩固品牌在消费者心目中的第一形象，让品牌保持这一种竞争优势；另一方面要做好对竞争对手的防御工作，防止竞争对手将品牌的第一优势蚕食掉。

品牌互动的三个关键点

品牌互动是指消费者与品牌之间进行的全接触行为，包括对品牌的认知、好感、忠诚等。品牌在与消费者进行互动时，可以通过新颖的表现手法、极具创意的表现形式来树立品牌个性，演绎品牌的风格，将品牌理念传递到消费者心中。

品牌互动的核心就是让消费者参与其中，没有消费者参与的品牌互动只能是品牌的“独角戏”，价值不大。只有让消费者参与互动，体会到参与的快感，品尝到当主人的感觉，他才会主动参与品牌互动，品牌互动的价值才能凸显。

品牌互动作为与消费者情感沟通的工具，能够让品牌和消费者形成一种稳定的关系，让消费者对品牌产生较高的忠诚度。

品牌在互动时把握以下这三个关键点就能让品牌互动沿着正确的方向发展。

1. 制订明确的品牌互动方案

一个无战略、不明确的互动方案是没有灵魂的，其实践性是会受到质疑的，更别提对品牌互动产生作用了。品牌在互动时，制订明确的互动方案能够更好地指导品牌互动，让品牌互动发挥价值。

在制订互动方案时要尽可能将互动方案量化、细化，让它变得详细、可行，如果制订的互动方案过于宽泛，只能让品牌互动变成空话。另外，在制订品牌互动方案的目标时，“宜小不宜大”，“小”不是目光短浅，而是精细化，另外“小”也只是暂时的，不是长久之计。很多品牌制订宏大的目标，最后导致互动工作根本无法建立标准，不能做到督察，最后只得无疾而终。

2. 专业互动的营销团队

优秀的品牌互动方案背后总有一个专业互动的营销团队。品牌在和消费者进行互动时，一定要寻找专业的互动营销团队，切不可随意找几个人来临时搭班唱戏。没有专业性作为支撑的团队在和消费者进行互动时，只能想出一些乏味、毫无创意的方案，这种方案根本不能打动消费者的心。品牌要搭建专业性强的互动的营销团队，想出新颖的形式帮其进行品牌互动，实现最大效果。另外，品牌管理者也要对互动团队的成员进行分工，让每人各司其职，共同推动品牌互动目标的实现。

3. 坚定不移地执行品牌互动方案

“语言的巨人，行动的矮子”是很多品牌的通病，品牌往往制订了可行性高、科学的品牌互动方案，但是真正到行动上，品牌却变得异常软弱。品牌要想通过互动和消费者结成密切的关系，就要坚定不移地执行品牌互动的方案，让方案落到实处，发挥作用，实现当初制定品牌互动的初衷。

在执行品牌互动的方案时，执行人员要和消费者进行深度的沟通和交流，询问消费者关于品牌的想法，然后根据消费者的想法对品牌进行适当的调整，满足消费者对品牌的期待之情。

品牌在互动时把握好制订活动方案、找到专业的营销团队、坚定不移地执行互动方案这三个关键点时，能够取得一些实质性收获，让消费者和品牌关系更为紧密、有更深的感情。更重要的是，品牌管理者能够从消费者的意见中得到消费者对品牌的不满之处，进行实时调整，让品牌保持一种健康的状态，在市场中保持较大的竞争力，获得长久的发展机会。

监控是手段，调整才是目的

很多品牌把监控当成目的，认为只要做好品牌的监控就是做好了品牌管理，这种想法是幼稚的。因为监控只是品牌管理的一个手段，而非目的。如果品牌监控是目的，那么品牌设置众多的监控人员就行了。品牌管理者对品牌进行监控时要明白："监控只是手段，不是目的，调整才是真正的目的。"通过监控发现品牌的不足之处，进行适当的调整，让品牌保持更大的活力。

1. 依据监控数据，进行实时调整

品牌管理者在对品牌进行监控时，必然要对品牌的资产进行评估，然后得出品牌资产的具体数值，此外还会对品牌的知名度进行测量，发现品牌在消费者心中的地位。但是如果品牌得出这些数据之后，不进行分析处理，那么这些数据就只是数据，而不是有用的信息。

管理者要想发挥数据的价值，就要对这些数据进行科学的分析、处理，找出数据之间的联系和内涵价值，让数据为品牌的塑造、维护服务。只有这样，监控所得数据的价值才能凸显出来。

比如品牌管理者在对品牌的监控时发现，品牌的知名度很低，连品牌知名度的最低层次——品牌识别都没有达到，这时管理者如果自怨自艾，不去对品牌知名度做一些具体的工作的话，那么这场监控品牌的活动就毫无意义。反之，品牌管理者发现品牌识别是品牌监控的痛点之后，通过在大众媒体上进行强势宣传、在微博上邀请大V为其站台、邀请大咖为品牌代言等多种形式，让品牌的知名度迅速打开，品牌监控的价值也就得以凸显。

2. 品牌调整也能促进品牌监控的发展

比如，品牌管理者知道品牌在和消费者互动方面有明显的不足，并且通过分析，也得出这些不足产生的原因，然后品牌管理者通过各种形式和渠道和消费者进行主动沟通，使得双方的关系变得更为和谐。当品牌尝到依据监控数据带来的甜头时，品牌管理者也会对品牌监控投入更多的资金、更大的心血和人力。资金和人才的涌入，也会让品牌的监控变得更为科学、更有价值。

品牌监控和调整这两者是一个相辅相成的关系，缺少任何一方都不可。充分发挥两者的价值，才能让品牌监控走得更有价值、更远。品牌管理者要把监控当作一个手段，通过监控得出品牌信息，适当调整，让品牌更符合消费者的选择，调整后的品牌再投入更大的心血用于监控，两者协调进行，才会让品牌始终在消费者心中占据制高点。

第三节　品牌危机管理

信息技术的发展，催生大量传播速度快、传播范围广的媒介，比如微博、微信。这些媒介能够很快让品牌的一个“坏消息”传递到千里之外。“坏消息”对于品牌的破坏是不可估量的，很多品牌就是因为“坏消息”而让多年经营成果毁于一旦。品牌要想实现长存，必须最大限度地减弱“坏消息”对品牌的危害，即重视品牌的危机管理，做好品牌危机预警系统，在危机来临时，真诚面对、积极应对、开放信息，从而最大限度地减弱危机对品牌的伤害。

危机来临，第一时间应对

品牌发生危机时，往往采用“封、堵、捂、压、瞒”这五种方式。这五种方式非但不能让品牌免于媒体的“骚扰”，届时品牌和媒体的关系也会处于一种“剑拔弩张”的状态，一旦“失控”，对媒体来讲只会给他们提供更多新闻，但是对于品牌来讲，伤害是不可估量的。

品牌管理者为了避免“剑拔弩张”情况的发生，必须要第一时间直面危机，通过各种方式来解决危机。

品牌管理者在危机来临时，第一时间应对媒体对品牌来讲有以下好处。

1. 减少媒体捕风捉影式报道

当品牌危机发生时，品牌管理者应该第一时间联系记者、敲定新闻发言人、举办新闻发布会，邀请相关媒体参与新闻发布会。在品牌危机新闻发布会上，新闻发言人直接面对各种媒体和记者的提问，在回答问题时，一定要表明品牌对这次出现的危机的抱歉之处和看法，然后尽可能地向媒体、消费者披露危机产生的原因以及接下来品牌如何做一系列的危机处理的具体工作。

品牌管理者第一时间直面危机，及时应对，向公众解释危机的原因，就能够防止媒体进行断章取义式的猜测报道，市场上就不会出现大量对品牌不利的信息，品牌也能保持住原有的形象。

2. 给投资者注入一剂强心针

品牌管理者第一时间直面危机，也能够让投资者看到品牌敢于承担责任的态度。投资者认为，既然品牌敢设新闻发言人，召开新闻发布会来解决危机，一定程度上也能说明品牌对这个危机有整体的把控，这样他对品牌会更信赖，那么他就不会在短时间内将投资的钱退出来，品牌的资金链也不会出现断裂。品牌管理者第一时间举办新闻发布会，敲定新闻发言人，能够给品牌的投资者注入一剂强心针，让他对品牌进行持续的投资。

3. 重获消费者的“芳心”

品牌危机有很多原因，比如品牌产品的质量出了问题、品牌未能给消费者提供良好的服务，总之品牌危机的原因就是消费者对品牌不满意。品牌在出现危机时，第一时间站出来，积极应对，对给消费者带来不便的地方，积极赔礼道歉，然后再给带来不便的消费者重新提供一次服务，能够让品牌重新回到消费者心中。当消费者看到品牌知错就改并且重新提供服务后，必然会“大人不记小人过”。这样，品牌非但没有因为危机丢失消费者群体，反而让消费者对品牌产生了更强的依赖感。

有些品牌就是因为在危机发生时保持沉默，未能第一时间应对，而让多年经营的品牌在危机中消亡。

三鹿品牌就是一个典型的例子。当品牌发生质量危机时，管理者一味推诿责任，企业在危机处理中一副“事不关我”的姿态，给消费者留下不负责任的印象，让品牌遭遇到空前的信誉危机，最后，存活半个世纪的奶业帝国以破产的方式惨淡收场。

仔细梳理下三鹿集团进行的危机公关。2008 年 9 月，新闻媒体报道甘肃多家医院多名不满一周岁的农村儿童出现肾结石的病状，而这些儿童都食用了三鹿奶粉。然而三鹿品牌反应缓慢，一星期之后，三鹿集团才召开新闻发布会，称儿童的肾结石与企业无关，很有可能是因为水源或遗传的问题。

同年 10 月，卫生部检查出三鹿奶粉含有三聚氰胺，而三聚氰胺就是儿童肾结石的元凶，卫生部迫使三鹿集团给出一个说法。三鹿集团迫于压力，组织新闻发布会，称三聚氰胺和企业无关，是不法奶农掺入的，并要求公安部门抓捕不法奶农。

后来卫生部经过调查发现三聚氰胺是三鹿工厂在加工时添加的，与奶农无关。此信息一出，三鹿的品牌形象彻底坍塌，企业不得不宣告破产。

三鹿品牌在发生危机时，未能在第一时间面对媒体，让流言四起，彻底失去危机公关的话语权，最终失去挽救品牌的机会。

品牌在危机来临时第一时间应对，最重要的好处就是不会任由媒体牵着鼻子走。品牌管理者设立新闻发言人直接面对媒体，回答媒体问题，能让投资者清楚了解危机，品牌所处的状况，丢弃撤资的想法。另外消费者也会因品牌负责任，对品牌抱有好感，重新成为品牌的消费者。据研究，重新选择品牌的消费者更容易和品牌保持长久的买卖关系。

开放信息，消除猜测与负面影响

当品牌在遭遇到危机时，品牌管理者一定要记住这一条“金科玉律”：千万不要对媒体说“无可奉告”这四个字。因为品牌管理者一旦说“无可奉告”，很容易让媒体认为品牌有难言之隐，继而媒体寻根刨底的特性就会被激发出来，不断地挖掘与此相关的信息，届时品牌就会处于一种更加危险的境地。因此品牌在遭遇危机时，要尽可能开放信息，给消费者、媒体更多关于品牌的信息，消除媒体的各种不实报道。

国内有很多实力雄厚的企业，在品牌发生危机时，一味地掩盖信息，对危机的处理闭口不谈。它们的这些做法，非但没有帮助品牌走出危机，反而作茧自缚，让品牌陷入一种被动无助的状态。

2012年光明乳业的“回奶门”事件炒得沸沸扬扬。事件的起因是某媒体记者经过暗访发现郑州光明生产基地把过期、变质的牛奶重新加工包装之后，拿到市场销售。一经报道，立刻引起消费者强烈抗议，纷纷倒戈，购买其他品牌的产品。

品牌危机出现之后，企业一直未能回应，面对记者的提问企业公关人员也是哑口无言。并且企业发生危机后又发布了外人不得进入企业的规定，这使得消费者、媒体对它的疑问更大了。当记者进行第二次暗访时发现，企业仍然将一些过期的牛奶进行二次加工，拿到市场进行销售。再次报道后，光明乳业的形象一落千丈，从一个知名的品牌终变为无人问津。

光明品牌企图掩盖事实的做法是幼稚、不成熟的，不但不能化解品牌危机，反而让品牌陷入了一个更大的信任危机中。

品牌管理者掩盖信息，最重要的原因就是害怕开放信息招惹到大量的媒体记者到来，媒体的“审丑”性格会激化品牌危机。掩盖信息的确能做到瞒天过海，避免品牌遭受到二次伤害，但是这是一种不正视危机的态度。这种做法，只会招惹消费者、媒体对品牌危机的猜测，他们会认为品牌不开放信息，是在试图隐藏不可告人的黑幕。当他们充分发挥个人主观的猜测时，市面上就会有更多关于品牌不实的报道，届时品牌的危机就会扩大。

更严重的是，对品牌这些不实报道会随着越来越多消费者的谈论而演变成“口碑效应”，到时这些不实报道就变成了“事实”，品牌的处境也会变得相当危险。品牌在危机发生时，要主动召开新闻发布会，向媒体、公众开放信息，减少公众猜测，杜绝流言，才能让品牌尽快从危机中走出来。

有些品牌在危机时开放信息，又让品牌重新获得了用户的好感。

2011 年 8 月 22 日，《信报》刊登《记者卧底“海底捞”揭秘》一文，在文章中直指海底捞存在骨汤勾兑、菜品重量不实、员工偷吃原材料的问题。

当日下午三点，海底捞就在其官方微博上承认错误，语气也是相当诚恳。并且海底捞详细说明了这次危机产生的原因，关于骨汤勾兑问题的解决方案，还邀请众多媒体一起来监督海底捞。此微博一出立即引起网友的转发和评论，越来越多的网友看到了海底捞品牌诚恳的认错态度。从而让海底捞品牌在市场存活得更长久。

第二天，海底捞掌门人张勇在微博上也写道："菜品不称重、偷吃等根源在于流程落实不到位，我还要难过地告诉大家我从未真正杜绝这些现象。责任在管理不在青岛店，我不会因此次危机发生后追查责任，我已派心理辅导师到青岛以防该店员工压力太大。对饮料和白味汤底的合法性我给予充分保证，虽不敢承诺每一个单元的农产品都先检验再上桌但责任一定该由我承担。"此微博一出让品牌彻底得到消费者的谅解，品牌成功渡过危机。

海底捞主动开放信息的做法，让消费者看到品牌的诚心也回答了媒体的疑问，让品牌少了众多负面报道，品牌的高度也得以维持。

品牌在危机发生时，主动放下身段向媒体开放信息，公开承认错误，能够消除一些负面的报道，最大限度地减弱危机对品牌的伤害，重新获得消费者的好感。

真诚面对，主动承担责任

推诿责任是很多品牌在处理危机时常用的一种方法。品牌管理者往往在新闻发布会上，将品牌出现危机的原因推到员工、经销商、竞争对手身上等，反正就是不从自己身上找原因。品牌这种虚伪、不敢负责任的态度，只能让消费者和媒体感到失望。消费者的流失，会让品牌变成"无源之水，无本之木"，在未来的竞争中就会面临巨大的危机。

品牌要想妥善地处理危机，并且在处理中给消费者留下一个良好的印象，就要真诚面对，主动承担自己应尽的责任，给消费者和媒体一个敢于承担责任的品牌形象，减弱危机对品牌的伤害。

2011年味千拉面的“材料门”事件炒得沸沸扬扬。起因就是很多消费者发现味千拉面的骨头汤并不是其宣传的那样，采用正宗的大骨头熬制而成，而是用骨头浓缩剂勾兑的。当这个危机出现之后，味千品牌的负责人也在第一时间召开新闻发布会，但是在新闻发布会上，发言人并未主动承担责任，而是将责任推到所在门店的工作人员身上，并且强调从发布会当天起，不会再出现这种情况。可是当记者再一次抽检时发现，汤依然是用骨头浓缩剂勾兑而成的。

味千这种不敢承认责任，并且不诚信的公关活动，将品牌推入了一种更危险的境地。

当品牌遭遇到味千拉面式的危机时，要敢于承担属于自己的责任，如果一味地推卸责任，只能留给消费者一个不敢负责任、懦弱的品牌形象，消费者怎么还会对品牌产生好感，持续购买品牌商品呢？

当然，品牌在承担责任时不是为了讨好消费者、媒体而做，而是从客观实际出发，在调查的基础上进行。品牌管理者经过调查发现的确是品牌的责任，这时就应该主动面对，将危机解决掉；如果不是，即使媒体的态度再强硬、消费者有再大的不满、流言再凶猛，品牌也要果断坚持自己的观点和看法，证明自己的清白。

也有很多品牌在承担责任方面存在乱承认的状况，它们认为品牌在发生危机时，对消费者、媒体俯首称臣，把所有责任揽到自己身上，就能浇灭消费者的怒火。这种想法是愚蠢的，是“玩火自焚”的行为，承担不必要承担的责任，只能让消费者看到品牌心虚、不自信的一面，而一个不自信的品牌形象只会被消费者抛弃。

品牌在危机发生时真诚面对消费者和媒体，在进行调研的基础上圈定自己的责任之后，主动承担责任，让消费者看到品牌敢于负责的一面，能够让品牌重新得到消费者的认可。

培养全员品牌危机意识

《伊索寓言》中有这么一个故事。森林中有一头野猪在树上不断磨牙，很多小动物就很不理解。有一只小鸟问："野猪，现在又没有猎物，你为什么这么费力地磨牙?"野猪回答道："现在不磨，等到猎物出现的时候，牙齿很难快速达到作战状态，猎物很容易就跑掉了。"同理，在这个竞争激烈的市场中，品牌要想长久发展，必须时刻保持危机意识，这样在危机来临时，品牌也能做到有备无患。品牌的危机意识不光要在品牌管理者心中，更要在与品牌息息相关的员工身上。

企业是由人组成的，它的发展离不开人的支持，同样企业的品牌也需要众人扶持。员工作为企业的主体，具有高度的危机意识是品牌得以生存的关键。品牌要想在危机来临时迅速将危机淡化掉，必须培养全员的品牌危机意识，通过借助员工的力量，帮助品牌渡过难关。

培养员工的品牌危机意识最好的方法就是在员工的日常工作中，通过举办各种各样的活动，向广大员工介绍品牌危机给企业、员工带来的危害，让他们清醒地意识到，如果不树立品牌危机意识，不光是百年品牌会付之一炬，更重要的是他赖以为生的工作也将失去。当广大员工意识到品牌危机的残酷性之后，会自觉学习关于危机的防范、处理，掌握危机相关的知识，一些常见的危机就会被员工扼杀在初始阶段。

另外，品牌管理者在培养员工的危机意识时，不能采取说教式、员工参与感不强的宣传方式，而应该用一些员工能够参与、在参与中体会到品牌危机的方法。比如举办品牌危机知识有奖竞答，用奖励的方式牵引员工自觉学习相关品牌危机的知识。采用互动性的品牌宣传方式，能够让员工真正掌握相关品牌危机的知识，而不是像过去那样仅仅是为了应付检查。

同时，品牌管理者在向员工灌输品牌危机意识的时候，也不应该忽视对员工进行危机培训和预演工作。为什么日本经常发生地震，但是民众在地震中的死亡率全球最低？就是因为日本定时进行地震预演，在实际的预演中，不断提升民众在地震中的逃生技能。所以在地震发生时，民众不慌乱，可以很快准确地找到出口。对于品牌来讲也是如此，通过对危机进行培训和预演，能够让员工真实感受到危机来临的状态，极大地提高解决危机的能力。

如果不经常进行培训和预演，即使员工具备较高的品牌危机意识，当真正的危机来临时，仍需要用很长一段时间去适应，这样一来，品牌很有可能会丧失掉最佳的危机处理时间，从而遭受到更大的风险。

在具体的危机培训方面，品牌管理者可以找一些具有危机公关处理经验的人员组成一组，让他们给广大员工经常进行培训，为员工提供关于品牌危机的处理方法，解答员工关于品牌危机处理的疑问，极大地提升员工的危机处理能力。

品牌管理者通过向员工传递品牌危机管理理念，让员工明白什么是品牌危机以及当危机发生时应该如何做，树立较高的品牌危机意识；然后举办各种讲座和培训让员工对品牌危机有更好的把握，通过各种预演让员工和危机处理面对面，让危机的处理变得现实化，提升员工在实际中解决危机的能力。用这两个方法，让员工不仅能保持较高的危机意识，而且可以掌握危机处理的方法，这样当危机来临时，广大员工会积极和品牌管理者站到同一战壕，尽全力将品牌危机解决掉。

建立品牌危机预警系统

品牌管理者在危机到来之前建立品牌预警系统，做好危机前的制度保障，不仅能够在危机到来时做到临危不乱，而且能够将危机扼杀在初始阶段。品牌管理者要想建立一个完善的危机预警系统可以从以下三个方面着手。

1. 做好搭建危机系统预警的基础性工作

信息的收集、整理和分析是搭建危机系统的基础性工作。丰富的信息能够让搭建的危机系统更全面，拥有较高的价值。品牌管理者在收集信息时，可以从下面两方面着手。

（1）消费者对品牌的看法和态度。收集消费者对品牌的态度和看法，能够及时掌握消费者的需求，了解品牌在哪些地方没有满足他，这样就能知道品牌一些潜在的危机，知道品牌下一步该如何做，将这些危机化解掉。

在收集消费者对品牌的看法和态度上，过去都是通过信件、电话、市场调查的方式进行，而在现在看来，这些方式的滞后性已经显现出来。现在品牌管理者可以通过新媒体——微信、微博、人人网等社交媒体收集消费者对品牌的看法。

（2）收集行业和竞争对手的信息。品牌管理者不仅要收集消费者对品牌的看法，还要收集竞争对手的数据信息。这里的竞争对手不仅指与品牌同一类别的对手，更指当今互联网、房地产、金融领域的信息，因为在这个时代，“黑马”的出现越来越频繁，越来越出乎意料，只有将危机预警的信息收集完备，才能保证所做的品牌预警系统更完善。

收集好消费者和竞争对手这两个信息之后，就需要专业的危机管理人员对信息进行甄别、评估。通过评估得知哪些信息能够直接产生危机，哪些是隐性的危机，然后将危机进行分门别类。这样当品牌发生危机时，能够迅速判断出是何种危机，有针对性地实施策略，将品牌危机解决掉。

2. 建立危机管理机构

建立危机管理机构也是危机预警系统中最重要的一部分。它作为一个组织机构，能够在危机到来时，对品牌管理人员进行合理的调配。机构在危机到来时充分明确责任，能够让品牌管理人员各司其职，做好自己的本职工作。同时危机管理机构能让品牌的管理变得标准化、科学化。

如何建立危机管理机构？可以借鉴国内外机构建立的经验。让品牌最高领导者充当危机管理机构的首脑，然后再设立一个新闻发言人，之后由最高领导者任命在品牌管理中不同的工作岗位。这样在危机到来时，最高领导人用权力让品牌管理人员全心全力参与到品牌管理中，新闻发言人在危机处理中做好品牌的发言工作，员工各司其职，共同将危机处理掉。

3. 制订危机管理计划

危机预警系统最重要的一个部分就是根据危机的类型，制订不同的危机管理计划。这个计划不是泛泛而谈，而是能够告诉品牌管理人员每一步应该如何做。

制订危机管理计划能够保证危机来临时对品牌的伤害性最小。如何制订？就需要在完成信息收集后，得知危机类型，通过头脑风暴设计出不同的危机管理计划。

同时，品牌在制订危机管理计划时也要让计划有一定的机动性，比如人员选择的机动性、危机处理的机动性。机动性让品牌在应对危机时更自由，能及时进行动态的调整，快速做好危机的处理。

品牌管理人员收集信息、建立危机管理机构、制订危机管理计划，能够建立起品牌危机预警系统，为危机来临时提供良好的制度保障，最大限度地减弱危机对品牌的伤害。

增强企业品牌危机转化能力

品牌进行危机管理的根本目的不在于将危机处理掉，而是将危机转化为机会，让品牌“因祸得福”，得到最大的发展机会。危机由“危”和

“机”两个字组成，“危”代表危险，“机”代表机会、机遇。如何将危机转化为机遇？就需要不断增强企业品牌危机转化能力。

1. 打造强势文化，用文化消除危机

麦当劳、肯德基、苹果、奔驰这些强势品牌也常常遭遇品牌危机，但是为什么它们能够一次次从危机中缓过来，被消费者重新接受，甚至有的时候，今天发生的危机，明天消费者就会忘记，仍然去选择它？究其原因，就是品牌已经在消费者心中有了极强的号召力，无论它发生什么样的危机，消费者仍然会在潜意识的驱动下去购买品牌的产品。

当品牌拥有了危机转化能力时，品牌爆出的危机不仅不是危机，反而是让品牌在消费者面前又得到一次可以曝光的机会，品牌和消费者又多了一次沟通的机会，刷品牌在消费者心中的存在感。

增强品牌危机转化力最好的办法就是打造强势品牌文化，让品牌在消费者心中占得第一，即使品牌出现危机，消费者不仅不会抛弃品牌，反而会站在品牌的立场上考虑问题，认为品牌现在所处的困境是暂时的，自己有能力帮助品牌一把。当消费者这样想时，在品牌产品自身不出现问题的前提下，品牌怎么有可能会出现危机？

如何打造品牌强势文化？首先要从品牌自身出发，找到核心利益点，形成最大的竞争优势，然后通过媒介不断塑造品牌的特有形象，重复性的宣传会让品牌在消费者心中占有一席之地，继而形成强势地位。这时候的品牌就是消费者心中的明星品牌。

在现实中，我们遇到自己喜爱的明星时毫无抵抗力，很有可能声嘶力竭地喊他的名字，争取让他看我们一眼。为什么我们会如此“冲动”？就是因为明星通过各种活动、宣传在我们心中拥有一个强势的地位，形成光环效应，在光环的影响下，我们不可能对他产生抗拒之心。

强势品牌犹如明星，也能把消费者迷得神魂颠倒。正因如此，企业要将品牌塑造的重点放在让品牌在消费者心中产生强势文化上，让消费者为之疯狂，根本不在乎品牌的危机。

2. 让品牌文化在员工之间流淌、凝固

抵御危机不仅要靠品牌管理者，更要靠品牌众多的员工共同努力。当品牌管理者在前线和媒体、记者、公众进行周旋时，品牌的员工却对品牌的危机没有一丝压力，不仅不想办法解决品牌的危机，反而在说风凉话。一旦这种情况发生，品牌管理者怎么可能有打鸡血般的热情去处理危机，危机一旦堆积，对于品牌是致命性的伤害。

用品牌文化凝聚员工斗志也是增强品牌危机转化能力的良策。这样当品牌危机来临时，每个员工都在自觉不自觉地为品牌献出自己的一份力，勇于承担自己的责任。当所有的员工各司其职时，品牌危机就不再是危机，反而成为锻炼员工处理危机能力的一次良机。

另外，当消费者看到员工和品牌荣辱与共、同心协力时，消费者对品牌的信任值也会有所提升，届时危机的对品牌的影响也会减弱。

如何让员工对品牌有如此深厚的感情？就需要品牌进行不间断的品牌文化宣传，员工时刻沐浴在品牌文化的氛围中，潜移默化中接受品牌的价值主张，将品牌当成自己的品牌。仅仅宣传是远远不够的，品牌还要让员工从坚持中获得真金白银的好处，鼓舞他们和品牌保持高度的一致。当精神和物质在一个频道上时，员工自然会在品牌发生危机时鼎力相助。

品牌通过打造强势文化让品牌在消费者心中占有第一的位置，即使发生危机时，消费者也能宽容品牌；通过在员工之间宣传品牌文化，让品牌文化在他们心中流淌、获得认同，当危机发生时，共同和品牌渡过难关。品牌将这两个方面做好，能从根本上增强企业品牌危机转化能力，将品牌的危机管理做到位，让品牌危机转化为品牌良机。